세계외식기행

세계 테마레스토랑

Something Different Restaurant

박영일 지음

백산출판사

머리말

음식은 문화다.…

오랫동안 많은 나라의 친구들과 음식을 통해 소통하는 시간을 가졌다. 업무로! 때로는 여행으로!

우리는 넓은 세상을 여행하면서 자신을 찾아간다. 세상의 다양한 인종과 문화 그리고 음식을 만나면서 인류가 살아가는 세상의 다름과 같음을 알아간다. 정치와 종교 그리고 경제상황은 달라도 지구상에서 살아가는 모든 사람들의 본성은 다르지 않았다. 가족이 있고, 가정이 있고, 부모, 형제, 친구가 있는 세상은 모두가 다르지 않고 모두가 공감하는 세상이었다. 여행은 음식과 함께하면서 자신을 찾아가는 긴 여정이었다.

세상과 소통하는 제일의 수단은 음식이다. 우리는 세상과 음식을 통해 이야기한다. 낯선 이들과의 만남이 음식을 통해 친숙해지고, 음식을 통해 낯선 친구들 나라의 과거를 알고 문화를 알아간다. 음식은 오랜 세월 한 나라의 기원이 담겨 있는 역사였고, 전통이었고, 문화였다. 음식은 인류의 탄생과 더불어 함께 전해 내려온 인류문화사다. 한 나라의 음식에는 역사와 전통 그리고 문화가 함께 식탁 위에 오른다.

인간의 생존과 食은 동의어다. 음식의 역사가 곧 인류의 역사인 이유이다. 인간은 탄생 이후 지금까지 이동을 멈춘 적이 없고, 수많은 사람들이 부모를 떠나 낯선 땅에서 살아가면서 고향의 맛을 잊지 못한다. 또 한편으로는 낯선 그곳의 맛에 길들여지기도 하고, 고향의 맛을 섞기도 한다. 새로운 요리는 이렇게 탄생된다. 그래서 맛의 근원을 찾는 여행은 인류 역사의 기원을 찾는 여행이다.

인간의 혀끝은 인류의 탄생 순간부터 발달되어 왔다. 외식산업에서 인간의 혀끝을 속이는 일이 외식업의 존망과 연결되는 이유이다. 수만 년 동안 발달되어 온 인간의 혀끝을 순간의 이익을 위해 질 낮은 식재료를 사용한다면 고객의 입맛으로부터 외면당할 수밖에 없다.

최근의 외식산업 환경은 문명의 고도화로 인한 기능적 편의성으로 빠르게 전환되고 있다. 글로벌 대형슈퍼마켓의 진열대에는 다국적 식품회사들의 표준화된 입맛으로 가공된 수많은 식품들이 넘쳐난다. 음식의 편의성 추구와 현대인들의 라이프스타일의 편의성을 찾는 경향이 뚜렷해지는 이유는 개인의 삶의 가치를 공동체의 가치보다 우선시하는 사회적 현상이 강해지고 있기 때문이다. 다른 한편으로는 새롭게 일어나는 과거로의 회귀, 슬로푸드, 로컬푸드 트렌드로 전통음식을 선호하는 현상이 증가하고 그 수요 또한 점점 늘고 있다. 건강을 생각하는 사람들이 증가하고 있다는 반증이고 전통식품의 가치를 아는 사람들이 늘어나고 있다는 반증이다.

미래의 외식산업은 글로벌 가공식품산업의 빠른 배송과 전통식품산업의 느리고 여유로운 식사를 즐기는 트렌드로 크게 나뉘어 우리나라뿐만 아니라 전 세계인들의 식문화를 이끌어 나갈 것으로 예상된다.

외식산업의 유통 측면으로는 배달음식의 성장과 공유주방, 클라우드키친 등 주방 없는 외식기업들이 빠르게 성장을 이어나갈 것이고 향후 지속적으로 시장을 확대해 나갈 것이다. 이러한 미래형 외식산업으로의 급격한 변화는 흐르는 강물과 같아서 잠시 멈출 수는 있지만 막을 수는 없을 것이다. 하지만 잔잔한 호수를 갈망하는 외식고객들도 점점 증가할 것이다. 바로 전통식품이 있는 레스토랑이다.

저자는 이 책에서 세계 여러 나라의 레스토랑을 방문한 이야기를 한다. 인류문화사적인 이야기보다 산업으로써의 레스토랑을 이야기하고 마케팅 측면에서 이야기한다. 하지만 각 나라 레스토랑의 음식과 식탁 그리고 서비스에는 분명 그 나라의 오랜 전통이 함께 배어 나온다는 사실도 경험한다. 세상의 음식은 모두 다른 듯하지만 같다는 사실도 많은 나라의 음식으로부터 알게 된 사실이다. 한 나라의 음식에는 다른 나라의 식재와 문화가 함께 섞여 나오는, 그래서 인류의 문화는 점점 동조화되고 있다는 현실을 경험하였다. 우리는 음식으로 세상과 소통할 수 있다는 사실을 이 책의 독자들이 알 수 있기 바란다.

지리산 하마정에서

인해 **박영일** 박사

차례

들어가며…

"고객의 혀끝을 속이려 하지 마라."

외식산업은 인간의 혀끝을 만족시키는 산업이다.

인간 생존에 제 일은 食이다. 음식의 역사가 곧 인류이 역시인 이유나. 인간의 혀끝은 인류의 탄생 순간부터 발달되어 왔고, 인류는 탄생 이후 이동을 멈춘 적이 없다. 수많은 사람들이 태생지를 떠나 살아가면서도 고향의 맛을 잊지 못한다. 또한 낯선 곳에서 살아가면서 그곳의 맛에 길들여지고, 고향의 맛과 섞기도 한다. 새로운 요리는 이렇게 탄생된다. 그래서 맛의 근원을 찾는 여행은 인류 역사의 기원을 찾는 여행이다.

수백만 년 전 인간은 동물에 가까운 습생으로 종족을 번식시켜 왔다. 신석기혁명 이후 불의 발견은 요리법의 발전사에 있어 중대한 변화의 시작이었다. 인간의 음식은 한층 풍요로워졌고, 인간의 몸집과 대뇌의 크기가 증가하여 지능이 발달하였고, 인구도 증가하였다. 불의 발견은 인류의 습생이 생식에서 화식으로 전환되어 다양한 요리법이 발전하는 계기가 되었다. 또한 수렵에서 영농으로 인간의 생활이 변화하면서 공동체 씨족사회가 형성되었고 가축을 사육하는 방법을 터득하게 되었다. 인간에게 가장 먼저 길들여진 가축은 아마도 양과 염소 그리고 돼지, 마지막으로 소였을 것이다. 덩치 크고 힘센 검은 황소들은 숭배의 대상이었기 때문이었다. 이는 고대 벽화에서 그 이유를 추측할 수 있다. 농경사회로의 전환으로 인간들은 가축으로부터 농사에 필요한 노동력과 단백질을 얻을 수 있었고, 한곳에 정착하여 살아갈 수 있었다. 농경사회로 정착한 인간은 동물 사육 외에 식물 재배기술도 발달시켜 밀과 보리, 호밀, 귀리 등 인간의 생존을 위한 식생활에 대한 농업기술들을 발달시켜 왔다. 초기 농경사회 시기에 흙으로 만들어진 도자기로는 음식을 끓일 수 있어 다양한 요리법을 발달시켰을 것이고, 이와 함께 다양한 양념류를 첨가하여 먹었을 것이다.

인류사회에서 식생활의 호사는 그리스, 로마시대에 이르러 절정을 이루었다. 로마시대 운송수단의 발달로 다량의 식량을 수천 킬로미터 떨어진 소비처까지 운송할 수 있었고, 관개수로의 발달로 농작물의 풍작을 기대할 수 있었다. 이 시대 지배층의 음식은 갖가지 향신료를 가미하여 풍미 있는 요리를 만들었고, 식탁은 포도주와 빵 그리고 고기가 함께 올려졌다. 로마시대 이후의 식탁은 오늘날의 식탁문화와 별 차이가 없었다. 인간의 요리는 17세기 들어 향신료 대신 설탕을 비롯한 현대식 요리가 시작되었고 18세기에 이르러 미식문화가 생겨나 오늘날까지 이어지고 있다.

농경사회에서의 식문화가 단순히 인간의 배고픔을 해결하는 생존의 수단이었다면, 오늘날의 식문화는 2차 산업혁명 이후 산업경제의 발전과 더불어 기능적, 감각적, 상징적 편익을 제공하는 외식산업으로 발전해 왔다.

산업사회가 발달한 오늘날 외식의 개념은 가정을 벗어나 대가를 지불하고 이루어지는 모든 식생활을 포함하고 있다. 외식산업이란 음식과 함께 서비스를 제공하는 개념으로 식재료의 유통구매, 음식 메뉴의 개발과 생산 그리고 음식을 소비자들에게 직접 서비스하는 생산, 유통, 서비스가 한 장소에서 동시에 이루어지는 복합적인 속성을 가지고 있다.

문명의 고도화로 최근의 외식산업은 기능적 편리성으로 빠르게 전환되고 있다. 대형슈퍼마켓의 진열대에는 다국적 식품회사들의 표준화된 입맛으로 가공된 수많은 가공식품들이 넘쳐나고 있다. 음식의 유통 측면에서는 클라우드키친과 주방 없는 외식기업들이 새로운 형태의 외식기업으로 성장할 것이다. 인간의 편의적 기능성 추구로 인한 식습관의 변화는 인간 몸의 변화를 야기하고 있다. 비만과 당뇨 그리고 성인병은 소득수준이 높은 나라에서 더 많이 발생한다. 오랜 전통의 식문화를 유지하고 있는 가난한 지역의 식습관이 오히려 각종 성인병으로부터 자유로웠다. 농경사회의 가정식요리에서 산업사회의 외식산업 그리고 고도의 문명사회로 진입한 오늘날의 식품 가공산업으로 인간 먹거리의 급격한 발달은 역설적이게도 인간의 건강을 해롭게 하고 있다.

Fastfood Icons

우리나라 식문화의 변천사도 세계의 식습관 변화와 대동소이하다. 농경사회에서 우리는 가정식 요리를 통해 다소 거친 음식들과 발효음식들을 섭취하여 왔다. 1960년 이후 산업사회로 진입하면서 외식업이 발달하여 가정식에서 외식으로 식생활이 이동하였고, 최근의 식문화는 HMR, 배달음식 그리고 식품 가공회사에서 균일하게 만들어지는 가공식품의 맛이 대형마트를 통해 우리의 입맛으로 변해가고 있다. 식생활의 기능적 편의성을 선호하는 현대인들의 식습관의 거대한 물결은 막을 도리가 없다. 다만, 우리의 몸이 어떻게 적응하느냐의 문제만 남아 있을 뿐이다. 하지만 새롭게 일어나고 있는 과거로의 회귀, 즉 슬로푸드, 로컬푸드 트렌드로 전통음식을 선호하는 현상이 나타나고 있어 향후 가공식품산업과 전통식품산업이 우리나라뿐만 아니라 세계인들의 식문화를 이끌어갈 것으로 예상된다.

전통식품의 장독대와 가공식품의 진열대

우리나라 전체 창업분야에서 외식산업은 약 17%를 차지할 정도로 내수경제활동에서 풀뿌리 경제주체인 생계형 산업의 중심에 서 있다. 2016년 기준 우리나라 식품산업의 총 규모는 약 205조 원으로 총 GDP 1조 4,112억 달러 대비 12%나 되는 엄청난 시장규모이다. 전 세계 선진국가의 식품산업시장 또한 각 나라의 경제발전과 함께 꾸준히 성장해 왔다. 우리나라도 1988년 올림픽 이후 급격한 성장을 해오다 2002년 월드컵 이후 성숙기로 접어들어 성장보다 내실을 다지는 시장으로 변화되어 경쟁심화단계로 접어들었다. 최근의 외식시장 트렌드는 Digital Life Style의 급속한 변화로 클라우드키친, 배달음식, 공유주방, HMR 등 외식 고객들의 편익을 위한 선택의 폭이 넓어지고 있다. 뿐만 아니라 다양한 소셜커뮤니티의 발달과 함께 맛집 평가가 광범위하고 동시다발적으로 이루어지는 경향이 있어 경쟁이 한층 심화되는 추세이다.

외식기업들의 산업적 측면에서 살펴보면

대형화, 전문화 그리고 급속한 플랫폼 경제화로 규모의 경제를 통해 글로벌 외식기업들이 성장하고 있고, 4차 산업혁명의 시장진입으로 빠르게 흡수되고 있는 추세이다. 더욱이 호텔 없는 숙박회사, 자동차 없는 택시회사처럼 주방 없는 외식기업이 유니콘 기업이 되는 새로운 개념의 외식기업들이 생겨나고 있다. 이처럼 미래의 외식산업은 인간 먹거리를 해결하고 더 나아가 잠재된 욕망을 표현하는 고도의 편익을 제공하는 외식산업시장이 글로벌 식문화로 확장될 것으로 예상된다.

외식산업의 특성적 측면에서 살펴보면

외식시장은 시장적 특성, 산업적 특성, 환경적 특성이 있다. 우선, 시장적 특성은 외식산업시장에서 단일 메뉴, 단일 상품으로 독점적 지위를 지속적으로 유지하기는 쉽지 않다. 왜냐하면 외식 소비자들의 다양한 욕구가 변화하기 때문이고 언제든지 대체재가 손쉽게 탄생하고 존재하는 외식시장의 특성이 있기 때문이다. 거리적 한계요인 또한 독점적 지위를 유지하는 데 큰 장애물이었다. 인터넷과 배달음식 그리고 맛집 평가 등 다양한 소통이 제한적이었던 수 년 전까지만 해도 외식시장은 제한된 지역 내에서 우월적 지위를 유지할 수 있었다. 한 상권 내에서 특정 메뉴로 유독 장사가 잘되는 레스토랑이 그 상권 내에서 우월적 지위를 누릴 수 있었기 때문이었다. 하지만 최근의 외식시장 특성은 글로벌화, 프랜차이즈화, 배달음식시장의 확대, HMR 시장의 성장 등 경쟁환경의 급속한 변화로 제한된 지역 내에서조차 독점적·우월적 시장을 유지하는 데 어려움이 증가하고 있는 추세이다.

산업적 특성으로 분석한 외식산업은 생산·유통·서비스가 한 장소에서 동시에 이루어지는 특성이 있고, 기계화·자동화가 쉽지 않은 노동집약적 산업이었다. 또한 진입 장벽이 낮아 누구나 언제 어디서나 시장에 쉽게 진입할 수 있어 경쟁이 심화되어 외식시장 진출자들의 폐업률 또한 다른 창업 업종 중 최상위에 있다. 가까운 미래의 외식시장 측면을 보면, 주방 없는 외식기업들이 성장하고 있고, 로봇서비스화로 종업원 없는 레스토랑이 그 시작을 알리고 있다. 로봇요리사의 등장도 머지않은 듯싶다. 음식전용 3D 프린트의 등장으로 단일 메뉴 레시피를 전 세계인들이 인터넷으로 다운받아 동시다발적으로 음식의 모양과 맛을 균일화할 수 있는 시대도 곧 다가올 것이다.

외식산업의 환경적 특성은 경제, 사회, 문화 그리고 법과 제도의 변화가 소비자들의 기호를 변화시킨다. 교통과 자유로운 이동수단의 발달과 함께 전 세계 외식메뉴와 문화의 접변현상이 증가하면서 한 나라의 외식문화는 전통외식문화에 머무르지 못하고 다양한 세계의 식재료 및 요리법과 섞이면서 새로운 외식 메뉴와 식문화를 만들어 나갈 것이다. 인류의 탄생과 함께 지금까지 지속적으로 인간의 음식은 새롭게 만들어져 왔다. 인류의 이동으로 서로의 음식은 항상 섞여서 새로운 음식을 탄생시켜 왔고, 앞으로도 인간의 음식은 지속적으로 변화될 것이다.

오늘날 외식산업은 플레이어들 내에서 치열한 경쟁뿐만 아니라 4차 산업혁명시대의 플랫폼, 빅데이터, AI, HMR 등 첨단 IT산업으로 무장한 주방 없는 외식기업들과 공유주방 기업들 그리고 HMR 및 식품 가공회사들과도 치열하게 경쟁해야 하는 지경에 이르렀다. 고객의 마음을 사로잡아야 생존이 보장되는 시대다. 우리나라뿐만 아니라 선진 외식산업 또한 외식창업 생존율이 10% 남짓에 불과하고, 창업 1년 이내 폐업률이 31%나 된다. 외식산업은 이제 치열한 경쟁 속에서 살아남기 위해서는 뭔가 다른 요인들을 지속적으로 고객들에게 제공하여 마음을 얻을 수 있어야 성공적으로 외식업을 영위할 수 있는 혼돈의 단계에 와 있다.

우리나라 외식시장의 실태적 측면을 살펴보면

농림축산식품부가 발표한 "2016년도 식품사업 주요 지표"를 보면, 2014년 기준으로 우리나라 음식점 및 주점업체 수는 약 65만 개에 이른다. 이 발표자료를 분석하면 전체 인구기준 78명당 외식업체가 하나다. 참고로 미국의 경우는 500명당 하나의 외식업체가 영업 중에 있다. 우리나라 외식업체의 과포화상태를 말해준다.

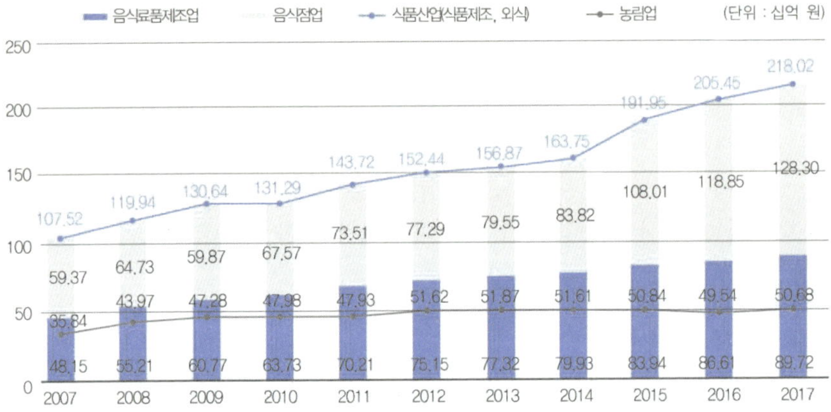

출처: 한국농수산식품유통공사(aT)의 '2019년 식품외식산업 주요통계'

10년간 국내 식품산업 성장추이(2007~2017년)

표에서 보면, 지난 10년간 외식업의 증가율이 거의 배로 증가하였음을 알 수 있다. 한정된 시장에서 외식업체가 두 배로 늘어났다는 지표는 경쟁이 그만큼 심화되었다는 의미로 해석된다. 실제로 외식업체의 5년 생존율은 20% 내외에 불과하다는 통계 결과는 외식업계의 어려움을 여실히 보여준다. 더욱이, 경기둔화와 인건비 상승 그리고 심화된 경쟁은 외식업 사업자의 87.4%가 직원 수 5명 미만인 영세업체들로 구성되어 있는 현실에서 외식산업 참여자들에게는 심각한 상황으로 인식될 것이다. 최근에는 인건비 상승과 경쟁 심화 그리고 공유주방의 성장과 함께 나 홀로 음식점을 운영하는 업체가 늘고 있는 추세다.

외부환경요인의 변화에 따른 우리나라 외식시장은 "청탁금지법", "52시간 근로제", "최저임금제", "기업 접대비 한도 축소" 등의 정부 정책으로 그 어려움이 더욱 가속화되고 있다. 이에 더하여 기업의 조기퇴직현상이 심화되어 40대, 50대 퇴직자들이 대거 외식시장으로 뛰어들어 2014년 기준 외식업종의 폐업률은 23% 내외로 소자본 창업자들의 생계마저 위태롭게 하고 있다. 한편으로는 준비되지 않은 외식창업자들이 대거 외식시장으로 진입하여 경쟁을 더욱 심화시킬 뿐만 아니라 잦은 창업과 폐업이 반복되는 현상을 낳고 있다.

다른 한편으로는 지나치게 많은 상업용 부동산 비율을 정부가 인·허가함으로써 특정 지역 내에서 자영업자들의 경쟁을 심화시키는 문제도 제기되고 있다. 왜냐하면, 아파트, 주상복합, 상업지역을 개발할 때 인구대비 높은 비율의 상가분양은 부동산 개발업자들의 잔치로 끝난다. 이들은 외식자영업자들의 100년 수익을 단 몇 년 만에 벌어들이지만, 자영업자들은 분양빚을 갚는 데 인생을 보낸다. 인구대비 상가 허가기준을 강화해서 상가 수를 줄여야 풀뿌리 자영업자들의 생업에 도움을 줄 수 있을 것이다.

외식시장의 침체로 인하여 외식업체의 대량 폐업으로 연결된다면 외식업 전체 고용인원 200만 명의 대량실업 사태로 이어질 수 있다. 이는 국가의 복지비용 증가로 연결되어 국가재정에도 큰 영향을 미칠 것으로 보인다. 외식시장의 실태는 국가재정에까지 영향을 미칠 것으로 예상되기 때문에 외식업 창업자들과 종사자들을 위하여 정부는 선제적으로 재정을 투입하여 외식창업 교육시스템을 만들 필요가 있다. 우선 외식시장 진입자들을 위한 실질적인 창업교육시스템을 만들어 시장 진입 후 실패율을 낮춰야 한다. 이뿐만 아니라, 외식시장에 진입한 업체와 종사자들을 위한 교육시스템을 만들어 재교육함으로써 지속적으로 외식업에 종사할 수 있도록 정책적으로 지원하여야 한다. 정부의 정책과 지원은 철저하게 현장을 파악한 후 실질적인 지원이어야 한다. 일시적인 인건비 지원이나 세금감면, 형식적인 창업교육과 자영업자 권익보호 차원이어서는 그다지 의미가 없다. 가장 큰 문제는 탁상행정에서 비롯된 정부재정과 정책의 실효성 문제다. 2016년 기준 국내

총생산(GDP)의 7.24%를 외식산업이 차지하고 있다. 이는 외식산업이 국가 주요 산업군으로 자리 잡고 있다는 의미로 결코 등한시해서는 안 되는 주요 산업분야라는 사실을 의미한다.

우리나라 외식업체들의 해외 진출 사례를 보면

성공한 외식기업의 사례를 찾기가 힘들다. 하지만 외식기업들의 해외 진출은 더욱더 적극적이어야 한다. 저자는 미국의 LA, 뉴욕, 보스턴을 비롯하여 시카고, 샌프란시스코, 시애틀, 덴버는 물론 캐나다, 멕시코 그리고 중국과 동남아시아 여러 나라들과 유럽까지 주요 도시를 방문하여 우리나라 외식업체들이 운영하는 레스토랑들을 두루 둘러보았다. 현지 거주 교포들이 운영하는 한국의 외식업체들은 대부분 본인 인건비 정도의 수익을 올리는 영세한 실정이었고, 현지를 방문한 우리나라 관광객들을 비롯한 거주 한국인들이 주요 고객층이었다. 일부 규모가 있거나 성공한 외식업체들도 있었지만 미국 전역 또는 해외진출을 시도하는 기업형이라기보다는 어느 한 지역에서 성공한 한식 레스토랑이었다.

한때 정부차원에서 한식의 세계화를 대대적으로 추진하였으나 흔적도 없는 메아리로 사라져버렸다. 문명의 발달로 편의성 외식이 증가하고, 인스턴트식품이 날로 늘어나는 현실에서 인간들의 몸은 비대해지고 성인병이 증가하는 상황에서 한식은 건강식으로 세계인들의 뇌리에 포지셔닝되고 있는 이때 한식은 왜 세계화되지 못하는가? 저자는 단 두 가지로 답하고 싶다. 세계 각 나라의 한식당은 대부분이 생계형 영세업체이다. 그리고 정부의 어설픈 한식의 세계화 정책으로 한국의 외식문화를 제조업의 제품 팔듯이 단기간에 성과를 내려고 밀어붙였기 때문이다.

일본의 스시 레스토랑이 세계 여러 나라에서 고급 레스토랑으로 자리 잡은 이유는 무엇일까? 바로 문화다. 날것으로 생선을 먹는다는 것을 혐오하다시피 터부시해 오던 서구 선진국에서 오늘날 스시 레스토랑은 고급레스토랑의 상징이 되었다. 일본의 스시문화는 일본을 대표하는 외식문화다.

일본의 스시가 해외에서 성공한 몇 가지 이유는 우선, 일본 정부와 해외에 진출한 종합상사들이 스시문화를 전 세계인들에게 고급음식으로 인식되도록 오랜 시간 전략적으로 접근한 결과였다. 일본의 해외 공관에서는 각종 만찬에 스시를 대표요리로 올렸고 해외에 진출한 일본기업들은 고객 접대 시 일본 스시 레스토랑을 선택하였다. 이는 일본의 스시문화를 세계에 알리는 과정에 불과하다. 무엇보다도 중요한 요인은 여기에 있다. 스시의 출발은 어시장에서 빨리 먹는 인스턴트 요리에서 시작되었다. 하지만 오늘날의 스시는 10년 이상을 공부해야 비로소 스시 요리사가 되는 혹독한 훈련과정을 거쳐야 한다. 스시요리를 만들기 위해서는 스시요리 장인이 되어야 최고의 요리사로 인정받는다는 의미이다. 우리의 한식 요리사가 되는 과정과 그 깊이가 다르다.

일본의 스시 레스토랑은 도쿄에만 36,000여 군데나 있다. 그중 최고 스시 레스토랑의 1인분 가격은 평균 20만 원 내외이다. 이 요리를 먹으려면 최소 2개월 전에 예약해야 한다. 일본의 스시요리는 일본 내에서 이미 장인들의 손에 의해 만들어지고 있고, 이렇게 스시요리의 맛과 품질 그리고 서비스까지 세계로 수출되고 있기 때문에 세계인들로부터 인정받고 있는 것이다.

최고의 초밥 레스토랑에서는 스시요리의 핵심인 쌀을 선택할 때도 유기농으로 생산되는 최고의 품질을 선택한다. 스시의 핵심은 밥이기 때문이다. 밥 짓는 과정 또한 식초와 소금의 배합이 잘 이뤄져야 하고, 밥알 하나하나에 식감이 들어가도록 불의 온도를 잘 조절하여 정성을 기울인다. 다음으로 중요한 건 생선의 선택이다. 생선의 신선도와 육질을 위해서 잡는 과정부터 생선의 색깔까지 최고의 스시 요리사는 가볍게 여기지 않는다. 최고의 스시 요리를 만들기 위해 스시 요리사는 일과 중의 80%를 준비과정에 시간을 할애한다.

주방에서 모든 재료가 준비되면 요리사는 고객과 소통하면서 즉석에서 스시를 만들어 건네준다. 오랫동안 숙련된 요리사는 고객의 입 크기를 살펴 스시의 크기를 결정한다. 밥알의 개수를 손 감각으로 결정해서 한입에 고객이 가장 편안하게 먹을 수 있도록 초밥의 크기를 만든다. 고객에 대한 세심한 배려마저도 스시문화를 최고의 요리로 만들고 있는 것이다.

스시 레스토랑의 인테리어 또한 고객을 위주로 디자인한다. 고객을 많이 수용하여 테이블 회전수나 객단가를 올리기 위한 실내 인테리어가 아니라 고객이 가장 편안하고 품격 있는 공간에서 대우받는다는 기분을 갖도록 설계한다. 여기에 더해 요리사는 고객과의 소통에도 능수능란하다.

"최고의 스시는 요리사로부터 건네받는 동시에 먹어야 제맛이다."

해외에서 일본 스시 레스토랑은 다운타운 중심에 자리 잡고 있고 대부분의 고객들도 현지인들이다. 일본의 스시 레스토랑에는 높은 서비스문화가 있고, 고객을 위한 실내 인테리어 그리고 일본 전통 술 사케가 함께한다. 일본의 스시 레스토랑은 장인들이 오랜 정성으로 만들어낸 스시문화를 팔았기 때문에 성공한 것이다.

음식은 문화다. 각 나라마다 외식문화가 있다. 한 나라의 음식에는 그 나라의 역사와 전통이 식탁 위에 함께 오른다. 음식을 담는 그릇과 음식을 먹는 도구, 레스토랑의 인테리어 그리고 음식과 함께 마시는 술까지 식탁 위에 오르는 모든 것들이 그 나라의 외식문화다. 우리는 우리의 외식문화부터 찾아야 하고 전통 한식문화와 한식을 현대인들의 편의성에 맞도록 퓨전화해 나가야 한다. 이처럼 우리가 해외에서 한식을 세계화하고자 한다면 음식뿐만 아니라 우리의 외식문화를 함께 팔아야 한다. 그러기 위해서는 우리나라 내에서 제대로 평가받는 한식 레스토랑이 나와야 한다. 정부의 한식 세계화 정책은 우리의 외식문화를 찾는 데서부터 다시 시작해야 한다.

세계 외식시장의 뉴 트렌드를 살펴보면

4차 산업혁명기술과 함께 공유경제시대의 큰 물줄기는 외식산업시장에서도 일어나고 있다. 호텔 없는 숙박회사, 빌딩 없는 오피스 임대회사, 주방 없는 외식업체 등 통신과 IT기술 그리고 플랫폼의 진화로 과거 경험하지 못했던 새로운 트렌드의 외식기업들이 생겨나고 있다. 외식산업시장에서도 주방 없는 외식업체, 메뉴 없는 공유주방이 그렇다. 소자본으로 외식업을 창업하고자 한다면 굳이 오프라인 매장을 임대하고, 인테리어하고, 주방설비를 할 필요가 없다. 외식 창업자는 좋은 외식메뉴 아이템만 있으면 아주 저렴한 비용으로 공유주방 회사의 문을 두드리면 된다. 공유주방은 배달전문 서비스회사와 연결되고, 온라인 홍보회사와 연결되어 창업자는 외식메뉴만 잘 만들어 소비자들의 선택만 받으면 성공할 수 있는 신사업모델이다. 이렇게 외식업이 빠르게 진화 중이다. 공유주방의 성장은 주방 없는 외식업체들의 성장과, 배달전문 외식업체들의 성장을 의미한다.

과거 외식시장에서 주방의 개념은 한 외식사업자만을 위한 음식을 생산하는 중요한 위치에 있었다. 하지만 미래의 주방은 여러 외식사업자들이 공유하는 시대로 진화되고 있다. 공유주방을 운영하는 회사는 배달서비스

회사, 외식창업자를 위한 인큐베이팅, 외식메뉴 홍보 마케팅, 브랜드개발지원, 외식경영교육 등을 토털 지원하는 외식전문 플랫폼회사로 진화되고 있다. 공유주방은 2012년 미국 워싱턴 DC에서 출발한 스타트업체인 "유니언키친"이 선두업체다. 이 회사는 외식창업 인큐베이팅을 포함한 외식업 플랫폼회사다. 또 다른 형태의 사업모델로 배달전문 공유주방회사들이 시장에 진출하고 있다. 이외에도 공유 자동차 우버의 창업자가 투자한 우버이츠(Uber Eats)와 영국의 배달전문업체 딜리버루 등 전 세계적으로 공유주방회사가 새로운 형태의 외식산업을 이끌어가고 있다.

전 세계적으로 공유주방은 미래의 주방으로 지속적으로 성장할 것으로 예상된다. 과거 개념의 외식업은 매장 임대, 인테리어, 주방설비 등 많은 투자자금이 필요함에도 불구하고 성공 여부를 확신할 수 없어 실패에 따른 손실이 너무나 컸다. 하지만 공유주방 사업모델은 소액으로 자신만의 메뉴를 소비자들에게 전달하여 반응을 보면서 더 많은 투자 여부를 결정할 수 있기 때문에 초기 외식시장 진출자들에게 지속적으로 인기를 누릴 것이다.

클라우드키친의 개념을 살펴보면 외식산업의 뉴 트렌드로 공유 가능한 주방만을 갖추고 있는 가상점포를 운영하는 신개념 외식산업이다. 한마디로 공유주방을 가지고 요리부터 배달까지 투트랙으로 운영한다. 여기에 음식메뉴와 브랜드에 대한 마케팅까지 서비스하는 회사로 발전할 경우 주방만을 공유하는 개념의 공유주방 외식사업보다 더 큰 성장성이 예상된다. 클라우드키친(Cloud Kitchens)은 인도의 Swiggy와 Zomato회사가 글로벌기업으로 성장하고 있다. Zomato사의 경우 인도의 맛집 검색 서비스회사에서 출발하여 지금은 Cloud Kitchens을 론칭하여 외식업체를 입주시켜 자사의 맛집 검색사이트를 통해 메뉴를 마케팅하여 주문과 배달까지 전 과정을 수행하는 토털 외식 서비스회사로 성장하고 있다.

모든 시장은 끊임없는 교환과정이다. 외식시장 또한 이 과정을 통해 성장과 쇠퇴를 반복하고 발전해 나간다. 수많은 시장 참가자들은 더 많은 이익을 얻기 위해 새로운 기술을 개발하여 더 좋은 제품을 만들어 소비자들의 마음을 얻으려고 노력한다. 자사의 제품이 경쟁사들의 제품보다 경쟁우위에 있도록 만들고 홍보하고 서비스하는 이 모든 과정을 마케팅으로 총칭한다. 결론적으로 마케팅은 교환의 과정을 의미한다.

외식산업시장에서도 크고 작은 수많은 외식기업들이 끊임없이 자사의 메뉴와 서비스를 통해 고객의 선택을 받으려고 시장에 참여한다. 하지만 모든 시장 참여자들이 성공하는 것은 아니다. 외식산업에서 마케팅이 필요한 이유다. 외식입은 각 나라에서 중요한 산업군으로 자리매김하였지만 항상 새로운 트렌드의 메뉴와 업체가 생겨나면서 경쟁의 심화로 이어진다. 따라서 외식업체의 지속적인 성공을 위해서는 자사의 메뉴와 브랜드를 고객들에게 잘 인식시키는 과정, 즉 포지셔닝이 필요한 시대이다. 외식마케팅의 최종 종착지는 자사의 외식브랜드 또는 외식메뉴를 어떻게 고객들의 뇌리에 잘 인식시키느냐가 핵심이다.

외식마케팅 핵심전략 체계는 시장세분화, 표적시장, 포지셔닝 전략으로 나누어진다. 시장세분화 전략은 다시 핵심편익 세분화, 구매욕구 세분화, 고객 세분화로 나눠 외식기업이 진출하고자 하는 분야를 Segmentation하여 일관성 있는 경영전략을 구사하여야 한다. 표적시장 전략의 핵심은 비차별화전략, 차별화전략, 집중화전략으로 나눠진다. 다음 단계로 포지셔닝 전략은 모든 상품과 기업 그리고 다양한 분야에서 사용 유지되어야 할 마케팅의 정점에 있는 이론이다. 외식기업 또한 포지셔닝 전략의 실패는 경영의 실패로 직결되기 때문에 가장 중요하게 다루어야 할 핵심전략이다. 포지셔닝 전략에는 단기적 · 장기적 포지셔닝 전략과 리포지셔닝이 있다.

기능적, 감각적, 상징적 요구를 모두 해결해야 하는 측면에서 보면 그 확장성과 성장성은 무궁무진하다. 배고픔을 해결해야 하는 기능적 욕구는 언제, 어디서, 어떻게, 누구와 해결해야 하는지를 놓고 다양한 방법을 찾을 수 있다. 감각적 욕구 해결 측면에서 보면, 오감을 자극하는 시각, 청각, 후각, 촉각 그리고 미각으로 고객들의 마음을 얻어야 한다. 상징적 욕구 해결 측면은 자아실현, 자기 과시적 외식소비행태로 미슐랭 가이드의 스타 레스토랑과 호텔 F&B서비스가 대표적이다.

본서에서는 저자가 해외의 다양한 레스토랑을 방문한 경험을 바탕으로 각 나라의 외식기업들을 사례별로 살펴본다.

"미래형 외식산업으로의 급격한 변화는 흐르는 강물과 같아 잠시 멈출 수는 있지만 막을 수는 없다. 그렇지만 잔잔한 호수를 갈망하는 외식고객들도 있다. 바로 전통식품이 있는 레스토랑이다."

세계외식기행

Aurora Restaurant in Sakha Republic

겨울왕국의 맛과 품격

Aurora Restaurant in Sakha Republic

겨울왕국의 맛과 품격

사하공화국은 북시베리아에 있는 미지의 낯선 땅이다. 러시아어 명칭은 야쿠티아(Я к у т и я/Jakutia)다. 인구 96만 명에 절반이 사하인으로 구성된 신비의 대륙은 한반도의 약 15배 크기로 세계 다이아몬드의 25%가 생산된다. 2,000km를 넘는 긴 강이 5개로 그중 레나강은 무려 4,440km나 된다.

겨울철 꽁꽁 언 레나강은 깊은 오지마을로 가는 도로로 이용되기도 하고 여름철에는 낭만적인 크루즈선을 운행한다. 세계에서 가장 추운 극지 중의 극지인 사하공화국의 오미야콘은 약 800명 정도가 사는 작은 마을로 겨울철 최저기온 영하 71.2도를 기록할 정도로 인간이 거주하는 곳 중 가장 추운 마을이다.

야쿠티아 레스토랑에서 맛본 레나강의 물고기 요리

사하공화국을 이야기할 때 Lena River를 빼놓을 수 없다. Yakutia가 Lena Land로 불릴 정도로 레나강은 광범위한 시베리아 영역을 따라 흐르고 있고 크고 작은 지류가 무려 240,000개나 되기 때문이다. 그 길이는 무려 4,440km나 된다. 무엇보다 사하공화국의 중요한 먹거리가 이 강으로부터 조달되기 때문에 야쿠티아의 식문화를 이해하려면 반드시 레나강을 알아야 한다. 따라서 레나강에 대하여 보다 자세하게 소개하고자 한다.

레나강에서 잡아 올린 물고기는 영하 30도에서 바로 냉동상태로 유지된다. 냉동상태의 물고기는 대패 삼겹살처럼 썰어 식탁에 오른다. 이가 시릴 정도지만 아이스크림처럼 혀끝에 녹아드는 맛이 일품이다.

http://www.visit-yakutia.com/

바이칼산에서 발원한 레나강은 큰 강을 의미하는 "Elyu-Ene"(야쿠티 어)에서 유래되었다. 17세기 러시아 탐험가들이 이 강을 발견하였다. 레나강은 야쿠티아의 주요 수송로 역할을 하고 있다. 여름에는 배를 이용하여 생필품과 주요 물자를 북부의 오지마을들에 수송하고 겨울철에는 영하 40~50도의 혹한에 꽁꽁 얼어붙은 강 위로 자동차가 달린다.

여름의 레나강은 시베리아 깊은 내면의 아름다움을 마음껏 뿜어낸다. 이 아름다운 자연을 만끽하고 싶다면 레나강 크루즈를 이용하면 된다. 보통 7월, 8월에 운행되는 레나강 크루즈는 며칠 동안 크루즈로 레나강 어귀에 있는 작은 도시들을 여행하면서 시베리아의 진정한 아름다움을 느끼고 극한에서 살아가는 사람들의 생존력에 경의를 표하게 될 것이다. 이외에도 각 지류를 이용한 래프팅과 모터보트를 이용하여 레나강을 즐길 수 있는 휴양시설들이 있다.

레나강의 물고기잡이
http://www.visit-yakutia.com/

레나강의 가장 아름다운 장관은 Lena Pillars다. 야쿠츠크에서 약 200km 강을 따라 내려가면 있다. 높이가 200m나 되는 돌기둥들이 40km에 걸쳐 병풍처럼 아름답게 펼쳐져 장관을 이룬다. 석회암으로 이루어진 Lena Pillars는 약 6억 년 전에 형성된 돌병풍이 무수한 세월이 흘러오는 과정에서 오늘날 처럼 돌기둥 모양으로 만들어졌다.

http://www.visit-yakutia.com/

Aurora Restaurant in Yakutia

기성 야쿠티아인들은 외식을 자주 하지는 않는다. 그들은 결혼식, 생일 등 특별한 날 외에는 레스토랑을 찾지 않는 경향이 있다. 하지만 1970년 이후 태어난 젊은 층은 다르다. 야쿠티아 음식은 수프가 기본이다. 수프는 우리의 김치와 비슷하게 거의 매일 식탁에 오른다. 동토의 땅이라 야채는 매우 귀중한 식재료다. 가장 보편적인 식재료는 레나강에서 잡아 올린 생선과 순록 그리고 말고기이다.

Aurora Restaurant 수석 요리사와 함께

야쿠티아 시내 한복판에 위치한 Aurora Restaurant은 2020년 1월에 오픈한 최고급 레스토랑이다. 지금까지 전 세계를 여행하면서 다양한 레스토랑을 방문했지만 이처럼 레스토랑 그 자체가 예술품이라는 생각은 감히 해보지도 않았다. 러시아 최고의 예술가들이 손수 만들고 조각하고 그림을 그린 실내는 인테리어가 아니라 최고 수준의 예술작품 그 자체였다.

야쿠티아 최고의 레스토랑 Aurora Restaurant Chef의 설명과 함께 맛본 요리들

레스토랑 내부의 각 벽면과 소장품들은 예술작품들이었다.
http://www.visit-yakutia.com/

음식은 다양하고 아주 섬세하게 만들어진 느낌을 준다. 최고 VIP들만이 여유롭고 한가하게 즐길 수 있는 레스토랑으로서 모스크바 최고의 요리사를 스카우트했다. 메뉴의 가격은 고가이지만 레스토랑에 들어서는 순간 최고의 예술작품 속에서 최고의 음식을 느끼고 맛볼 수 있는 공간이 된다.

레스토랑 실내장식은 마치 최고의 예술작품처럼 섬세하게 디자인하고

Aurora Restaurant 총지배인과 함께

전통 야쿠티아 문화와 역사를 입혔다. 저자는 레스토랑 총지배인의 안내를 받으며 2층으로 되어 있는 레스토랑 실내의 벽면에 새겨진 예술작품과 소장품 등 경영자의 철학에 대하여 상세한 설명을 들었다. 러시아 최고의 예술가들이 각자의 전문분야별로 레스토랑 벽면을 하나하나 설계하고 디자인하였다는 설명에 감탄을 자아낼 수밖에 없었다. 위의 사진들은 저자가 직접 찍은 실내의 작품들이다. 레스토랑 인테리어보다 하나의 예술작품들이었다. 종업원들의 서비스 마인드와 친절은 시베리아 북쪽 겨울공화국에서 경험할 수 있는 최고의 서비스 매너였다. 정말이지 기대하지 않았던 호사를 누리는 기분으로 식사를 함께했다.

다양한 제품시장에서 마케팅전략은 매우 중요하다.

Aurora Restaurant은 상징적 편익을 제공하는 레스토랑이다. 상징적 편익

접근에서 가장 중요한 요소는 외식고객들이 남들과 차별화되는 느낌을 받을 수 있는 자아실현에 있다. 상징적 편익을 추구하는 고객들에게 메뉴의 가격은 그다지 중요하지 않기에 메뉴의 질과 고급 인테리어 그리고 최고의 서비스를 받으면서 식사를 여유롭게 즐길 수 있도록 제공하여야 한다.

다양한 마케팅 분야에서 편익은 고객에 의해 결정된다. 외식시장에서도 마찬가지다. 왜냐하면 외식시장 진출자들이 다양한 욕구를 가진 고객들 모두를 만족시킬 수는 없기 때문이다. 따라서 시장 진출자들은 자신의 메뉴를 가지고 타깃 고객층을 선점하기 위하여 외식시장에서 세분화 전략을 구사하여야 한다. 외식시장 세분화에 대한 접근방법에는 편익에 의한 접근법과 구매상황 접근법 그리고 고객특성에 의한 접근법이 있다.

고품격의 고객서비스 실력을 갖춘 직원들
https://www.tripadvisor.ru/Restaurant_Review-

편익에 의한 접근으로는 첫째, 기능적 편익이 있다. 배고픔과 경제적인 가격 그리고 접근성 등 가성비가 높은 외식메뉴들이 이에 해당된다고 볼 수 있다. 둘째는 감각적 편익으로 외식마케팅에서 중요한 핵심편익이다. 메뉴의 디스플레이, 독특하고 강하게 포지셔닝되는 맛, 이색적인 맛과 풍미 그리고 레스토랑의 분위기, 레스토랑 주변의 경치 등 외식고객들의 오감을 자극하는 편익을 제공한다.

Aurora Restaurant은 외식고객들의 심리통계적 세분화 전략 접근에서 소득 수준과 사회적 위치가 높은 사회계층에서 나타나는 자아표현을 충분히 할 수 있도록 실내 인테리어의 예술성과 러시아 최고수준의 요리사가 제공하는 메뉴 그리고 수준 높은 종업원 서비스 전략을 구사하고 있었다.

세계외식기행

Hooters Restaurant

문화의 충돌

Hooters Restaurant

문화의 충돌

1983년 플로리다주 클리어워터 Beach에서 6명의 사업가는 과거 전혀 레스토랑 운영 경험이 없었던 평범한 친구들이었다. 친구들끼리 해변에 놀러 왔다가 해변의 아름다운 비키니를 보고 친구들끼리 농담 삼아 이야기했던 아이디어를 토대로 시원한 맥주 한 잔과 핫치킨 윙 그리고 탱크탑 유니폼을 입은 후터스 걸들이 서비스하는 레스토랑을 창업했다. 40년이 지난 지금 후터스 레스토랑은 전 세계 30여 개 나라와 미국 42개 주에서 430여 개의 Hooters Restaurant 외식사업을 하고 있다. 해변에서 비키니 차림의 후터스 Girl들이 서빙하는 시원한 맥주, 맛있는 음식 그리고 대형 스크린으로 스포츠 경기를 관람하는 단순하면서 도전적인 상상을 현실로 만든 것이다.

https://www.hooters.com/

https://www.hooters.com/

Hooters Restaurant은 합리적인 가격으로 질 좋은 음식과 음료 그리고 세계적으로 유명한 Hooters Girl들의 수준 높은 서비스를 받을 수 있는 재미있고 활기 넘치는 레스토랑 분위기를 만끽할 수 있는 외식기업을 표방하고 있다.

외식마케팅의 전략적 측면에서 Hooters Restaurant의 세분화 전략은 다양한 소비행태를 가진 고객들을 유사한 동질적 집단으로 분류하여 구매욕구, 구매동기를 자극하여 구매행위로 이어지도록 하는 전략을 구사하고 있다. 외식마케팅에서 세분화 전략이 필요한 이유는 고객들의 다양한 욕구에서 외식비용 지불의사가 결정되기 때문이다. 외식기업이 모든 고객의 욕구를 충족시키는 것은 불가능하기 때문이기도 하다. 따라서 고객 Segmentation을 통해서 세분시장을 나누어 타깃 고객그룹을 구분하여 포지셔닝 전략으로 고객들에게 핵심편익을 제공하는 과정이 필요하다.

Hooters Company는 이러한 시장세분화전략을 통해서 핵심 편익 중 감각적 편익으로 일관성 있게 마케팅전략을 구사하여 타깃 고객을 명확히 선정하여 성공한 외식기업이다. 또한 타깃 고객들의 충성도를 지속적으로 유지하기 위한 전략으로 다양한 이벤트와 카레이싱 퍼레이드 등 스포츠 대회를 후원하는 등 고객 확장전략을 함께 펼치고 있다.

외식시장의 시장세분화 과정

외식시장에서 세분화 과정은 다양한 메뉴를 원하는 고객들의 욕구를 모두 충족시킬 수 없기 때문에 유사한 구매욕구를 가진 동질적 고객집단을 구분하는 과정에서 시작된다. 하지만 고객들의 구매욕구가 완전하게 같을 수는 없다. 비슷한 집단들을 분석하여 구분하고 구매를 자극하는 일은 외식기업의 몫이다.

외식시장에서 시장을 세분화해야 하는 이유가 바로 여기에 있다. 우선, 외식기업 자원의 한계 때문이다. 모든 외식고객들의 다양한 요구를 모두 충족시킬 수 없는 한계와 투입해야 할 자본의 한계로 외식기업이 세분화 과정을 통해서 구분된 타깃 고객들에게 집중적으로 기업의 자원과 인력을 투입해야 성공 가능성이 커지기 있기 때문이다. 따라서 외식기업은 외식고객들을 세분화해서 그룹으로 묶어야 하고, 이들 고객들의 욕구를 충족시킬 수 있는 외식메뉴를 개발하여 마케팅믹스와 함께 제공해야 한다. 두 번째는 어떤 시장이던 경쟁자는 항상 있고 새로운 경쟁자의 출현도 있기 마련이다. 따라서 외식기업이 모든 경쟁자들과 다양한 메뉴를 가지고 경쟁할 수는 없기 때문에 자사만의 경쟁우위에 있는 메뉴와 서비스로 성공을 담보해야 한다.

시장세분화의 방법적 측면에서 살펴보면 고객의 관점에서 무엇을 어떻게 공급할 것인가의 문제가 핵심이다. 고객의 관점에서 보면 지불한 대가에 대하여 얻을 수 있는 핵심편익이 있다. 외식기업은 고객들에게 어떻게 핵심편익을 제공할 것인가를 규명하는 일이 시장세분화의 출발점이다. 시장세분화는 핵심편익세분화, 구매욕구세분화, 고객세분화로 구분할 수 있다.

Hooters Restaurant은 시장세분화의 다양한 선택 중에서 편익세분화를 선택하였다. 편익세분화는 또 기능적 편익, 감각적 편익, 상징적 편익으로 나눠진다. 후터스는 이러한 시장세분화 과정을 통해서 최종적으로 감각적 편익시장을 선정하고 창업 이후 지속적으로 일관성 있게 감각적 편익시장에서 목표고객들의 충성도를 이끌어내어 성공한 외식기업이다.

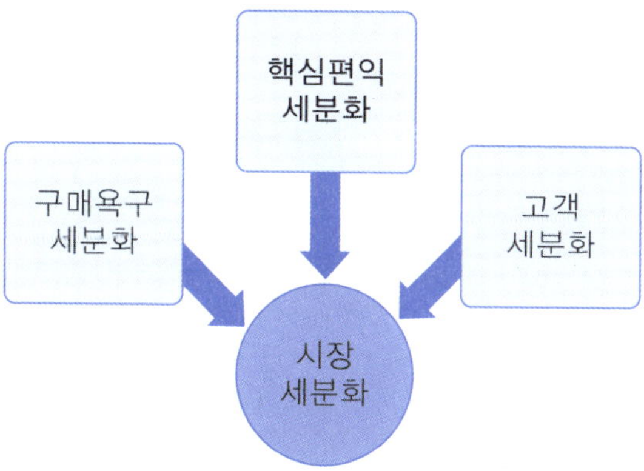

감각적 편익의 예는 다양하게 나타난다. 인간의 오감을 자극하는 요소들이 모두 감각적 편익의 범주에 속한다. 아주 부드러운 아이스크림의 혀끝 촉감, 아주 독특한 냄새를 풍기는 후각적 자극을 주는 두리안의 과일맛, 아주 매운맛의 상징으로 잘 알려진 사천요리, 후터스 레스토랑은 고객들의 시각적 자극을 통한 감각적 편익을 선택하였다. 창업의 시작이 해변에서 얻은 아이디어였기 때문이다.

Hooters 성공요인

Hooters Girls

Hooters of Restauran, LLC는 2019년 네바다주 Tha Ho Lake에 위치한 Harrah's Harvey's에서 개최된 Hooters International Pageant가 23년째 전 세계에서 80여 명의 후보들이 5일 동안 왕관을 놓고 경쟁하였다. 1983년에 시작한 후터스 창립 때와 같이 지속적이고 일관성 있게 로고, 유니폼, 메뉴 그리고 해변을 테마로 했던 대형 스크린 속의 스포츠와 음악 그리고 오리지널 닭 날개 요리까지 그대로 전해오고 있다. 특별히 탱크탑 유니폼으로 매장의 분위기를 후끈 달아오르게 하는 Hooters Girls는 오늘의 후터스 레스토랑이 있게 한 상징이 되었다. 후터스 레스토랑의 아이콘이 된 Hooters Girls의 서비스는 타깃 고객들의 재방문을 유도하고, 홍보를 유도한다.

후터스 Girls는 레스토랑의 아이콘이다. 이들은 프로의식과 다양한 이벤트를 통해 선발되어 전 세계에 Hooters Restaurant Brand를 홍보하는 역할을 한다.

지난 40여 년 동안 Hooters Restaurant을 거쳐 간 Hooters Girls은 약 300,000명에 이른다. 이들은 다양한 사회구성원으로 성장하여 Hooters회사가 지역사회에 봉사와 헌신을 하는 데 많은 도움과 협력을 함께한다.

https://www.hooters.com/

Hooters Girls는 후터스 레스토랑의 아이콘이 되었다. 전 세계의 후터스 레스토랑에서 근무하는 직원이면 누구나 참가할 수 있는 자격이 주어진다. 이들은 매월 이달의 후터스 캘린더 표지 모델이 되기도 하고, 1년에 한번 있는 Hooters Girl 대회에서 우승함으로써 회사의 각종 홍보, 이벤트의 주인공이 되기도 한다. Hooters Girl과 Hooters Restaurant은 분리하여 공존할 수 없는 공명지조 관계에 있다.

활기 넘치는 매장 분위기

Serving up fun with a side of food

"Our guests are our first priority. From the moment you walk in the door, you're treated like family."

후터스 레스토랑은 밝고 활기 넘치는 레스토랑 분위기를 추구한다. 또한 후터스 레스토랑의 사명은 고객 최우선주의를 표방하고 있고, 매장에 발을 들이는 순간부터 가족이나 연인, 친구들끼리 편안하게 즐길 수 있도록 고객들을 환대한다. 이 사명은 어떤 고객이든 최선을 다해 대우하는 경영철학이다. 실제로 후터스 레스토랑은 대형 풀 HD 평면 TV 스크린을 설치하여 아메리칸 풋볼 등 스포츠 빅 게임을 언제든지 시청할 수 있도록 배려하고 있다. 비즈니스 런치 고객이든, 스포츠 관람 고객이든 깔끔하게 잘 단장된 외식 레스토랑에서 합리적인 가격으로 맛있는 식사와 음료 그리고 후터스 걸들의 매력적이고 활기 넘치는 환대를 받는다.

단, 후터스 레스토랑은 도수 높은 알코올은 판매하지 않는다는 원칙도 40여 년째 이어오고 있다. 술에 취한 고객들이 레스토랑 분위기를 망치지 않도록 하기 위해서 매출이익에 관계없이 낮은 도수의 알코올과 음료로 제한하여 판매하는 전략으로 고객들이 편안하고 즐거운 매장 분위기를 유지하는 전략이 일관성 있게 펼치고 있다. 후터스 매장 안에서는 30분마다 후터스 걸들이 신나는 음악과 함께 펼치는 활기 넘치는 댄스공연을 즐길 수 있다. 후터스 레스토랑은 언제나 생동감이 넘치고 후끈 달아오른다. 업무와 사회에서 받은 스트레스를 맥주 한 잔으로 날려버릴 수 있는 그런 편안한 외식기업을 추구한다.

미국 Wisconsin Green Bay 후터스 레스토랑을 방문한 저자

미국 현지 Hooters Restaurant을 찾은 저자는 신나는 음악과 함께 활력이 넘치는 종업원들의 일하는 모습이 너무나 신선한 충격이었다. 유교적 문화에 젖어 있는 우리나라 문화와는 너무도 다른 문화적 충격이었다. 우리나라에도 2007년 서울 강남에 한국 후터스 1호점을 오픈하였었다. 하지만 여성을 성 상품화한다는 이미지와 성 차별적 인식이 강하게 나타났다. 이러한 이미지는 저속하다는 인식으로 연결되어 남성고객들이 후터스 레스토랑을 찾는 데 주변의 눈치를 봐야 하는 상황으로 확대되어 결국에는 폐업할 수밖에 없었다. 우리나라 전통문화 인식과는 너무 앞서 나간 과도한 Sex Appeal에 대한 레스토랑 분위기가 문제였다. 또한 한국의 외식문화 환경은 고도수의 음주문화와 함께 소비하는 관행과 맞지 않았던 문제도 작용하였다.

실제로 미국이나 유럽 등 서구 선진사회에서도 후터스의 성 상품화 논란은 끊임없이 제기되어 왔지만 지속적으로 성장하여 왔고 후터스보다 더욱 선정적인 레스토랑이 강력한 경쟁업체로 나타나기도 했다. 바로 트윈픽스라는 레스토랑이다. 최근의 후터스 레스토랑 분위기는 신세대들의 트렌드를 따라가지 못하는 문제가 있어 보인다. 뉴 제너레이션들의 새로운 외식문화 추이에 따라 메뉴와 매장 내 분위기도 변화해야 한다.

후터스 레스토랑의 매출 구성비를 보면 음식이 70%, 기념품 잡화가 5% 그리고 맥주 등 음료가 25%로 나타나고 있다. 고객구성 비율은 70% 이상이 남성 고객으로 26세에서 55세까지의 고객들이다. 후터스는 패밀리레스토랑을 추구하지만 고객은 편안하게 스포츠를 시청하면서 맛있는 음식을 즐기는 개념을 추구한다.(참조: https://youtu.be/XcRxY2RR7jQ)

Hooters Club

Join the Hootclub

https://www.hooters.com/

미국은 스포츠의 나라다. 아메리칸 풋볼, 야구, 농구, Car/ Power Boat Racing 그리고 Boxing/ UFC 등 세계적으로 스포츠가 가장 잘 발달되어 있고, 국민들 또한 스포츠에 가장 관심이 높은 나라 중 하나다. 후터스 레스토랑은 국민들의 스포츠에 대한 사랑을 후터스 클럽을 통해 언제 어디서든지 시청하고 즐길 수 있도록 대형 TV를 매장에 여러 대 설치하여 홈페이지를 통하여 자리를 예약하고 응원할 수 있도록 배려하고 있다. 물론 시원한 음료와 맛있는 음식을 번들로 하여 자리를 선착순으로 예약해야 한다. 뿐만 아니라, Car Racing, Power Boat 대회 등 다양한 스포츠 행사에 후터스 걸이 참가하여 펼치는 퍼레이드는 후터스 레스토랑을 홍보하기에 충분한 마케팅 활동들이다. 이는 이벤트 행사를 통해 후터스 브랜드 충성도 고객들을 만들어내는 데 열심이다.

후터스 회사는 항상 튀는 마케팅전략을 구사한다. 후터스 매거진을 통해 전 세계로 후터스 소식을 전파하여 고객들의 참여를 유도한다. 또한 전 세계 후터스 레스토랑에 근무하는 후터스 걸들을 대상으로 후터스 미인대

회를 주최하고, 매년 이달의 후터스 걸 표지모델로 달력을 만들어 고객들에게 판매한다. Hooters Girl Model Contests는 내부고객들의 충성도를 유발시키고 근무의욕을 돋우는 역할과 함께 후터스 레스토랑을 대내외적으로 홍보하는 역할을 톡톡히 해내고 있다. 후터스 레스토랑이 후원하는 다양한 스포츠클럽은 후터스 레스토랑을 홍보하는 좋은 무대가 되었다. 후터스는 이러한 성공을 바탕으로 Hooters Airline, Hooters Casino Hotel 등 다양한 사업영역으로 확대 성장하였다.

Hooters Souvenirs

미국 미시간 후터스 매장을 방문한 저자

Hooters Restaurant 매장 입구에는 Souvenirs Shop이 있다. 후터스를 상징하는 로고와 함께 모자, 남・여 티셔츠와 티, 물병, 후터스 걸 표지모델 캘린더 등 다양한 기념품을 판매한다. 이는 수익뿐만 아니라 다양한 기념품들을 입고 소유함으로써 고객들의 충성도를 유지하는 전략의 한 방편이기도 하다.

Hooters Menu

https://www.hooters.com/

Hooters Restaurant은 여느 패밀리레스토랑과 같은 메뉴를 제공하고 있다. 레스토랑 입구에는 기념품을 파는 조그마한 shop이 있고 조리공간과 테이블이 있지만 실내 인테리어에서 가장 특이하게 다른 점은 대형스크린이 벽면 사방에 걸려 있는 점이다. 바로 아메리칸 풋볼 등 고객들이 즐겨보는 스포츠경기를 친구 및 단체로 시청할 수 있게 하기 위한 고객들에게 대한 배려다. 빅 스포츠게임이 있는 날에는 반드시 세트메뉴와 함께 예약을 해야만 이 자리가 있을 정도로 인기가 높다.

Hooters Menu

It's what's on the inside that counts

https://www.hooters.com/

지역사회에 대한 공헌

후터스 레스토랑은 설립 이후부터 꾸준하게 지역사회에 대한 공헌활동을 이어오고 있다. 지역사회에 대한 봉사와 헌신하는 기업 이미지로 Positioning 되어 지역사회와 지속적으로 좋은 관계를 유지 발전시켜 나가는 데 좋은 역할을 하고 있다. 예를 들면, 본사 차원에서 여성 유방암연구센터인 Jimmy V Foundation과 협력하여 유방암연구보조기금을 설립하여 수백만 달러를 모금하기도 한다. 이뿐만 아니라 the Hooters Community Endowment Fund는 미국의 지역 및 연방 자선단체인 the Make-A-Wish Foundation, U.S.O., Special Olympics, American Diabetes Association, Juvenile Diabetes Foundation, and the Muscular Dystrophy Association 자선단체들을 위한 기금 모금활동에 적극적으로 참여하여 지속적으로 사회공헌활동을 펼치고 있다.

가맹점 성공을 위한 조건

후터스 레스토랑은 아무나 가맹점으로 받아들이지 않는다. 최소 5년 이상의 외식업 운영 경험이 있거나, 이러한 사업 파트너가 있어야 가능하다. 또한 최소 3개월 이상 레스토랑 오픈을 위한 훈련을 받아야 한다. 한번 계약하면, 10년 갱신 조건으로 20년까지 계약 가능하다. 레스토랑 오픈을 위하여 충분한 재정적 여유와 유동성이 있어야 하지만 각 나라의 경제 사정에 따라 재정적 준비금액은 높거나 낮을 수 있다. 이러한 과정은 5단계로 본부와 가맹점 후보자들이 약 90일 동안 철저하게 상호 검증과정을 거쳐 최종적으로 가맹점 가능 여부를 결정한다.

후터스는 가맹점의 조건을 명확하게 제시하고 가맹점으로서 자격이 미달되면 가맹점 후보에서 탈락시킨다. 가맹점의 위치적 조건을 보면, 인구 10만 명 이상으로 15,000명 이상의 고객을 확보 가능해야 하고 연간 5만 달러 이상의 소득이 가능한 지역이어야 한다. 주차장 넓이는 1.5에이커 이상, 매장의 크기는 5,000평방피트 이상으로 도로 트래픽이 30,000대 이상 되어야 한다. 이러한 조건을 갖추고도 운전자들에게 가시성이 좋아야 한다는 조건까지 붙는다. 가맹점 후보자들의 능력보다 위치조건을 더 우선시한다는 것이다. 여기서 한 가지, 후터스는 각 나라별 경제상황에 따라 탄력적으로 적용하는 유연성도 있다. 매장의 위치 조건을 우선적으로 고려하여 가맹점주들의 소득을 보장하겠다는 프랜차이즈 본사의 영업정책은 우리 업계에서도 고려해야 할 사항이다.

가맹점 후보자들의 조건을 보면, 후터스 가맹점을 개설하기 위해서는 3가지 비용조건을 충족해야 한다. 우선, 가맹점 개설을 위한 기본 운영비용이다. 가맹점 개설 이후 인건비 등에서 수개월까지 적자운영을 감수할 수 있는 충분한 자금력을 보여야 한다는 의미다. 둘째는 매장을 건설할 수 있는 건설비용이다. 건축비용, 실내장비, 요리시설 등이 이에 속한다. 셋째는 토지를 확보하거나 임차가 가능해야 한다. 후터스는 이러한 가맹점 가입의 조건을 엄격하게 제시함으로써 가맹점 폐업률이 거의 발생하지 않는다. 이는 본사와 가맹점주들의 상생을 기본원칙으로 한 경영방침이 있어 가능하다.

한국의 프랜차이즈회사들은 본사의 영업이익을 위해 그리고 성장을 위해 가맹점 숫자 늘리기에 급급해 왔다. 결과적으로 많은 피해자들이 발생되어 왔고 정부는 "프랜차이즈법"으로 규제하기에 이르렀다. 후터스는 수십년이 지났지만 가맹점 숫자보다 내실 있는 가맹업체를 선정하여 함께 성장하는 영업정책으로 꾸준하게 성장하고 있는 외식기업이다.

Hooters의 한계 극복방안

지난 2007년 한국 신사동 후터스 1호점 이후 몇 개의 가맹점이 생겨났지만 이내 실패하고 말았다. 전통적인 유교문화에서 보수적인 세대들의 성의식이 과도하게 노출된 탱크탑 유니폼을 입은 젊은 웨이트리스의 서빙이 한계로 작용했다. 또한 우리나라의 외식문화는 고도수의 음주문화인 데 반하여 후터스의 방침은 낮은 도수의 음료만 매장 내에서 판매하는 방침 때문이기도 하였다. 이외에도 사회, 문화 환경의 영향으로 여성단체의 공개적인 비판과 거부는 한국 후터스의 성장을 막기에 충분한 사회적 이슈로 작용하였다. 이러한 사회, 문화 환경을 고려하지 않고 서구문화 내에서 성공한 프랜차이즈를 그대로 론칭한 것이 실패의 원인이었다. 도입 이전에 문화적 한계 극복을 위한 선행조건을 고려하여 점포운영이나 프랜차이즈 브랜드명의 차별화보다는 차별적 개념의 외식문화 Concept 개발을 통한 한국문화에의 접근방법을 시도하였더라면 하는 아쉬움이 있다.

글로벌 프랜차이즈사업은 통상의 마케팅이 아닌 Service Marketing의 개념에 입각하여 Service Quality Control System에 의한 차별화를 이룩해야 한다. 종업원들에 대한 지속적이고 반복적인 마케팅 차별화를 이룩해야 하고 점포나 프랜차이즈 입장에서는 그 점포의 차별화된 개념을 계속적으로 유지하고 시장에 맞게 대응하기 위한 지속적인 시장조사를 통해 본부나 가맹점들의 경영이나 마케팅에 도움을 주어야 프랜차이즈의 국제화가 가능할 것이다.

향후 한국형 테마레스랑의 성공을 위하여 Restaurant의 Entertainment화가 우리나라 사회, 문화 환경에 적응 가능하도록 건전한 연계방안을 모색할 필요가 있다. 한국형 테마레스토랑 창업과 프랜차이즈화의 성공을 위하여 마케팅 개념 차원에서의 차별적 외식문화를 가진 테마레스토랑이 등장한다면 외식업계의 성장의 폭을 넓혀줄 것이다.

세계외식기행

Gyukaku Restaurant

타국 음식의 자국화

Gyukaku Restaurant

타국 음식의 자국화

한식메뉴를 세계화시킨 일본의 Gyukaku Restaurant은 일본의 REX-Holdings Co. Ltd가 운영하는 글로벌 외식기업이다. 기업형 자본을 앞세워 프랜차이즈사업, 레스토랑 실내인테리어 및 건축, 식자재유통과 편의점 그리고 슈퍼마켓 사업까지 수직계열화된 기업이다.

일본 외식기업이 우리의 한식메뉴를 일본 외식메뉴로 세계인들에게 인식시키고 있다. 한식과 일식을 일반 서구인들이 구별하기는 쉽지 않다. 이러한 외식문화 환경을 잘 이용하여 우리나라 육류구이와 한식메뉴를 가지고 세계시장에서 성공하고 있는 일본의 외식기업에 대하여 저자는 관심을 가지고 현지를 방문했다. Rex-Holdings사는 어떻게 한식을 일본음식으로 세계인들에게 인식시켜 나가고 있는가를 외식기업의 마케팅 환경분석요인에서 찾아본다.

외식기업의 환경분석은 외부환경, 내부환경으로 크게 나뉜다. 외부환경은 경제적 환경과 법, 정치적 환경, 사회환경, 기술적 환경 그리고 경쟁환경으로 나누어지고, 내부환경은 자사의 분석, 경쟁자 분석 그리고 고객분석으로 구분할 수 있다. REX-Holdings Co. Ltd는 이러한 환경분석을 통해 자사의 경쟁력과 함께 글로벌 외식기업으로 성장하고 있다.

외식마케팅의 환경분석

외식기업의 환경분석은 기본적으로 검토해야 할 요인이다. 같은 시장 내에서도 외식환경이 다르거나 변화가 있고, 글로벌 외식문화 환경과 변화는 더욱 빠르거나 더욱 복잡하다. 모든 기업에서 공통적으로 나타나는 현상은 예측할 수 없는 외부환경의 충격으로 기업의 존망이 결정되는 경우가 너무 많이 나타나고 있다. 갑자기 벌어지는 외부환경의 변화는 기업 스스로 통제할 수 없는 문제이기 때문이다. 올해 갑자기 전 세계를 강타한 코로나바이러스 팬데믹 상황이 대표적인 외부환경 변화요인이다.

외부환경 분석

경제환경 분석은 한 나라 내에서 경제환경이 외식기업에 미치는 영향을 말한다. 예를 들면, R의 공포(Recession), D의 공포(Deflation), J의 공포(Jobless)로 인하여 외식소비를 줄여 외식기업이 타격을 입는 경우다. 법・정치환경 분석은 최근 우리나라의 최저임금제와 근로시간 단축의 법제화로 인한 외식 자영업자들의 수익에 크게 영향을 주는 문제로서 외식기업이 통제 불가능한 외부환경 요인이다. 이외에 소셜미디어의 급격한 발전으로 배달음식업이 활성화 되거나, 음식포장기술의 발전으로 HMR식품시장이 급격하게 성장하여 외식기업을 위협하는 등 기술환경 측면도 외부환경에 속한다. 이외에 경쟁환경, 사회환경의 변화 등 외식기업이 살펴봐야 할 요인들이 너무나 많다. 최근에 나타난 코로나바이러스와 같은 질병, 전염, 위생 문제 또한 대표적인 통제 불가능한 외부환경 요인이다.

내부환경 분석

내부환경 분석은 기업 내에서 통제할 수 있는 요인들이다. 외식기업 내부를 얼마나 잘 통제하고 관리하느냐에 따라 경쟁력이 강화될 수도 있고, 고객들로부터 선택받을 수도 있다. 내부환경을 크게 나누면 자사 분석, 경쟁사 분석 그리고 고객 분석이 있다.

자사 분석은 외식기업 내부의 역량을 정확하게 진단하는 것으로부터 출발한다. 우선, 자사의 자원에 대한 물적, 인적 분석을 객관적으로 분석하여야 한다. 물적 요인 분석은 브랜드 이미지 관리, 내부 의사소통체계, 상권의 분석, 레스토랑 인테리어, 서비스 교육 등 고객들과 접촉하는 부분에서 객관적이고 체계적인 분석을 통해서 외식기업의 경쟁력을 확보해야 한다.

인적 요인 분석은 물적 요인들을 잘 관리하고 분석할 수 있는 내부의 역량 있는 직원들을 얼마나 많이 확보하느냐의 문제다. 그리고 공정하고 투명한 성과에 대한 보상체계와 함께 직원들의 의사소통체계를 잘 만들어야 한다.

경쟁사 분석은 외식산업환경의 경쟁이 너무 심화되어 5년 생존율이 15%대에 있다. 이러한 현상은 기업의 조기퇴직 현상으로 생계형 외식창업이 증가하였고, 사회환경의 변화로 회식문화가 줄어든 영향이 있다. 또한 간접 영향으로는 배달음식의 급격한 성장과 HMR음식의 경쟁력 강화 등 새로운 경향의 경쟁자들이 대거 출현함으로써 외식기업 경쟁환경은 더욱 치열해지고 있다. 따라서 외식기업의 경쟁환경 분석은 외부환경의 거시적변화에서 검토해야 하고, 고객들의 외식소비 트렌드 변화 측면에서도 분석해야 한다. 경쟁사 분석은 단지 옆집에 같은 외식메뉴를 파는 식당을 분석하는 차원이 아니다. 보다 광범위한 경쟁의 범위를 파악해야 한다.

소고기전문 외식기업의 경쟁력 분석의 예(SWOT)

내부환경 분석 / 외부환경 분석	강점(Strength)	약점(Weakness)
기회(Opportunity)	넓은 주차장 육류의 바잉파워 능력 젊은 소비자층이 많음	서비스인력의 고령화 개선 메뉴가격의 다양성 확보 단체고객을 위한 공간 확보
위협(Threat)	경쟁사 출현 메뉴의 질적 우위 유지 고객 충성도 유지 저가 프랜차이즈 등장	육류 기피의 사회현상 저녁회식 고객의 감소 축산물의 질병 발생 육가공식품의 성장

고객분석은 외식마케팅의 내부분석 요인 중 가장 중요한 부분이다. 고객분석의 핵심은 외식기업의 메뉴가 어떻게 외식고객들에게 전달되는지를 분석하는 것이다. 이를 위해서는 고객들이 자사의 메뉴에 어떤 기대를 가지고 있는지를 알아야 하고, 자사의 메뉴와 경쟁사의 메뉴가 어떻게 외식고객들에게 평가받고 있는지 알아야 한다. 또한 자사의 고객들은 어떤 욕구를 가지고 있는지 그리고 타깃 고객들과 신규고객들은 어떻게 다른지도 잘 파악하여야 한다. 무엇보다 중요한 고객분석은 자사의 메뉴가 외식고객들에게 어떻게 포지셔닝되어 있는지를 분석하여 적절하게 대응하는 것이다.

외식마케팅의 핵심전략 전개과정에서 시장세분화, 목표시장 선정 그리고 포지셔닝은 외식마케팅의 핵심근간이다.

Gyu-Kaku Restaurant은 고객분석을 탁월하게 마케팅하는 외식기업이다. 타깃 고객 설정과 음식 메뉴 그리고 실내 인테리어와 서비스문화가 잘 접목되어 있다. Gyu-Kaku Restaurant의 성공은 바로 고객분석에서 찾을 수 있을 정도로 레스토랑을 직접 방문한 고객이라면 알 수 있는 부분이다.

Gyu-Kaku Restaurant의 성공은 외부환경 중 글로벌사회 환경에서 외식문화의 접변현상이 증가하고 있다는 점과 한국이 아닌 제3의 국가에서 한식메뉴를 바탕으로 일본의 우수한 서비스문화를 결합하면 충분히 경쟁력을 가질 수 있다는 자신감으로 시작하여 성공을 거두고 있다. 이제 Gyu-Kaku Restaurant은 미국뿐 아니라 일본, 동남아시아 등 다양한 나라에서 한식메뉴를 일본 식문화로 전파하고 있다. 다른 한편으로는 내부환경 분석 측면에서 경쟁사 분석으로 한식메뉴로 미국에서 강한 경쟁기업이 없다는 점과 일본 외식문화의 서비스 경쟁력 우위를 내세웠다. 가장 두드러진 내부환경으로 고객분석을 들 수 있다. Gyu-Kaku Restaurant은 코리안 바비큐의 맛과 한식이 건강식으로 인식되어 있지만 요리과정에서 나는 연기로 인하여 옷에 냄새가 배는 등 불편함이 있어 한국 바비큐 식당을 찾는 것을 꺼려 왔다는 고객 니즈를 파악하여 잘 대처하였다. 음식 가격전략에서도 누구나 부담 없이 품질 좋은 코리안 바비큐와 한식을 즐길 수 있도록 샐러리맨들의 소비 수준에 맞춰 출시했다.

일본 북해도 Gyu-Kaku Restaurant을 찾은 저자

Gyu-Kaku Restaurant은 이러한 고객분석을 통하여 고객의 불편을 해소하고, 고급스러운 실내 인테리어와 고객을 감동시키는 서비스로 미국 등 해외에서 성공하고 있는 외식기업이다. 규카쿠는 음식 외에 술과 인테리어 그리고 서비스는 일본 식문화로 고객들에게 제공하여 규카쿠 레스토랑을 찾는 외국이라면 누구나 한식메뉴를 일본음식으로 인식할

수밖에 없는 레스토랑 분위기를 만들어 고객들이 편안하게 외식을 즐길 수 있도록 배려하고 있었다.

철저한 고객분석으로 불편 해소

규카쿠 홈페이지(www.gyu-kaku.com)의 '자주 묻는 질문'(FAQ) 코너에도 "옷에 BBQ 냄새가 배지 않나요?"란 질문이 있다. 이에 대해 규카쿠 측은 "배지 않습니다. 연기를 아래로 빼내도록 특별 디자인한 석쇠를 개발하여 사용함으로써 연기가 완벽하게 제거된 환경에서 식사하실 수 있습니다."라고 답하고 있다. 고기 굽는 냄새가 나지 않는 석쇠를 일본에서 수입해 사용하고 있다. 외국인 손님들이 얼마나 음식 냄새나 연기가 옷에 밸까 걱정하는지, 그리고 이에 대해 규카쿠가 얼마나 신경쓰는지 알 수 있는 부분이다. 갈비, 김치 등 한식메뉴도 마늘 등 자극적인 냄새가 덜하도록 레시피를 만들었다. 음식을 제공하는 과정도 규카쿠의 경우 음식을 큰 접시에 조금씩 담아 세련되면서 비싼 음식이란 인상을 줄 수 있도록 세심하게 서비스 방침을 규정하고 있다.

연기가 옆으로 빠져나가도록 설계된 구이판
(미국 LA 비벌리힐스점을 방문한 저자)

고객만족이 제일 규칙

Your Smile is everything for us!

We at Gyu-Kaku are constantly thinking of ways to which we can better serve our customers and therefore work each day with the motto, "Customers are Number One."

Every Gyu-Kaku employee holds the same mission statement to heart, (Exceeding Customers' Expectations) and keep it in mind while doing their everyday operations.

We will do absolutely everything and anything we can to see a smile on our customers' faces, but if for some reason, you notice any of our Gyu-Kaku employees to not hold true to our mission statement, or put you through any sort of inconvenience, I ask that you please contact us immediately.

일본의 친절한 서비스는 세계적으로 잘 알려져 있다. 교민들이 운영하는 한식당과 서비스의 질적 차이는 확연히 다르다. 규카쿠는 손님이 들어오면 모든 직원이 "이랏샤이마세~!"(어서 오십시오)를 외치고 복창한다.

고객에게 음식 주문을 받을 때도 다리를 구부리고 상체를 낮춰 눈높이가 손님과 같거나 낮도록 하는 자세를 취하여 고객을 존대한다는 의미를 부여한다. 이러한 고객만족 프로그램은 철저하게 레스토랑 내에서 매뉴얼화하여 지켜지고 있다. 고객의 질문에는 영어, 중국어, 인도어, 스페인어 등 다양한 언어를 구사하는 종업원들이 아주 자세하게 설명해 준다.

이처럼 고객을 최접점에서 응대하는 외식기업의 직원들이 기업의 사명(Mission)을 공유하는 자세는 고객만족 측면에서 아주 중요하다. 대개 사훈, 사명, 목표 등은 벽에 걸린 액자로 치부되는 경향이 많다. 매일 반복적으로 소비되는 외식메뉴의 특성과 레스토랑에서 멀지 않은 주변의 고객들이 반복적으로 구매하는 특성이 강한 외식기업에서 종업원들의 역할은 기업의 성공여부와 직결된다. 따라서 외식기업의 사명은 반드시 수행해야 할 목표이고 방향이어야 한다. 기업의 사명은 쉽게 이해할 수 있어야 하고 2~3년 이내에 달성될 수 있어야 한다. 또한 회사 구성원, 주주, 고객 그리고 협력사까지 균형 있는 상호관계를 유지하여야 효과적으로 달성되는 것이 사명이다.

Your Smile is everything for us!

Gyu-Kaku 외식기업은 사명을 실현하기 위한 실천 방향으로 고객의 미소를 설정하여 실천하고 있는 외식기업이다.

타깃 고객

평범한 샐러리맨들을 주 타깃 고객으로 설정한 Gyu-Kaku Restaurant은 고객 1인당 가격을 20~25달러(약 1만 9,000~2만 4,000원) 수준으로 책정하였다. 뉴욕 맨해튼의 최고급 한식 바비큐 레스토랑보다 맛과 양에서 다소 떨어지지만 잘 정돈된 고급스러운 실내 인테리어와 잘 훈련된 종업원들의 서비스는 고객들을 만족시키기에 충분하다. 백인, 흑인, 인도네시아인, 태국인, 베트남인 등 고객의 90% 이상이 현지인들이다.

- 레스토랑 주변의 화이트칼라 또는 중산층 고객을 타깃으로 설정한 것이 특징임
- 1인당 식사비는 20~25달러(약 1만 9,000~2만 4,000원), 중간을 웃도는 수준임
- 가격에 비하면 깔끔하고 고급스런 분위기라 직장인들이 부담없이 찾을 수 있다는 평가
- 손님이 들어오면 모든 직원이 "어서 오십시오."를 복창하고, 주문을 받을 때 다리를 구부리고 상체를 낮춰 눈높이가 손님과 같거나 낮도록 하는 자세를 취함으로써 고급레스토랑에서 고객들이 예우받는 느낌을 준다.

규카쿠 비벌리힐스점에서

Gyu-Kaku 혁신

Gyu-Kaku의 주방은 IT가 잘 접목되어 주방장이 필요없다. Gyu-Kaku의 주방은 신입사원이 파트타임으로 일할 수 있도록 모든 요리 레시피를 매뉴얼화하였다. 따라서 간단한 교육으로 요리사, 주방장 역할을 충분히 해낼 수 있도록 주방을 시스템으로 운영하고 있다. 또한 식자재의 발주나 조리 매뉴얼, 매입 매출 등 수익관리까지 본사에서 운영하는 프랜차이즈 점포 종합관리시스템으로 통제하고 있다. 이렇게 IT기술과 잘 접목된 주방은 컴퓨터가 최고의 요리선생님이다. 모든 가맹 레스토랑은 프로그래밍된 컴퓨터 화면의 조리 매뉴얼에 따라 요리하기 때문이다. 또한 모든 식자재의 재고관리와 발주 등이 잘 관리되기 때문에 항상 신선한 식자재 관리가 가능하다. 이러한 종합관리시스템은 물류비 절감과 재고 적재현상 방지 그리고 고가 요리사의 임금 절약으로 기업의 가격 경쟁력을 향상시키고 있다.

① 주방에서 컴퓨터는 최고의 요리사다. 컴퓨터 매뉴얼화된 조리 지침서가 모든 점포의 맛을 균일화하고 요리를 책임진다.

② 주방 모니터에서 식자재를 발주하고 물류센터의 빠른 집결을 통하여 각 점포에 신속한 배송을 통한 신선도를 유지하여 요리의 품질과 맛을 높인다.

③ 주방장이 필요없는 레스토랑 운영과 식자재 물류비 절감을 통한 가격 경쟁력을 확보하여 타깃 고객들을 지속적으로 유지 · 관리하는 경쟁력을 갖췄다.

서비스와 인테리어

Gyu-Kaku Restaurant의 실내 인테리어는 단순하면서 고급스러운 분위기를 연출한다. 잘 정돈된 실내 분위기는 방문하는 고객들에게 좋은 레스토랑을 방문하고 있다는 느낌을 주기에 충분하다. 여기에 더해서 종업원들의 환대와 수준 높은 서비스를 더해서 규카쿠 레스토랑의 고객 만족도는 높아지고 있다. 같은 한국음시으로 다른 부분에서 경쟁력을 발휘하는 규카쿠의 전략은 한식의 세계화를 위한 좋은 사례가 될 것이다. 실내 인테리어에서 특히 고기 굽는 냄새가 고객들의 옷에 배지 않도록 새롭게 개발된 그릴을 사용하였다. 벽, 테이블, 접시, 컵 등이 대부분의 실내 인테리어와 식기류들과 어우러져 흑백으로 잘 조화되어 있고 서구식 다이닝 레스토랑처럼 실내 조명을 어둡게 하여 현대적이고 세련된 느낌을 주었다.

Gyu-Kaku Restaurant의 실내 인테리어

Gyu-Kaku 메뉴

규카쿠의 메뉴는 철저하게 한식으로 구성되어 있다. 육류구이, 김치, 비빔밥, 냉면, 육개장, 나물, 국밥, 잡채 등의 한식메뉴에 일본의 외식문화를 입힘으로써 일식화하여 세계 여러 나라로 진출하고 있다. 일본의 외식기업이 이처럼 타국의 음식을 자국의 식문화로 재창조하여 수익을 창출하는 능력을 우리 외식기업도 배워야 할 부분이다. 또한 외식산업의 현지화 능력과 자본 그리고 마케팅이 결합되어야 글로벌 외식기업으로 성공할 가능성이 있음을 저자는 규카쿠에서 배웠다. 저자는 타국의 식문화를 세계화시킨 Gyu-Kaku in Beverly Hills점을 방문하였다. 규카쿠 메뉴의 50~80%가 한국 음식메뉴로 구성되어 있다.

Karubi(가루비)

Bibimba(비빔바)

Kimuchi(기무치)

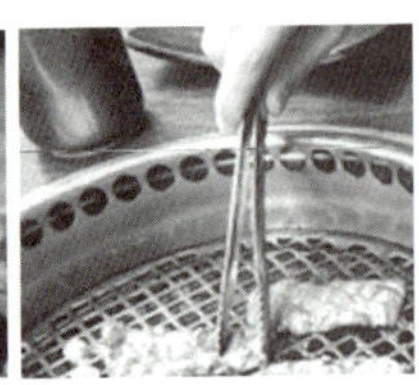
Namuru(나무루)

Kuppa(구파)

한식메뉴를 일식메뉴 발음으로 표기
www.gyu-kaku.com

'가루비(Karubi)', '비빔바(Bibimba)', '기무치(Kimuchi)', '차푸채(Chapu Che · 잡채)'부터 '나무루(Namuru · 나물)', '구파(Kuppa · 국밥)'까지 어디 하나 한식메뉴가 아닌 것이 없다. 모두 한식을 일본식 발음으로 표기했을 뿐이다. 하지만 서구 외식시장에서 고객들은 이들 메뉴를 일본음식으로 오인하고 있다. 심지어 종업원들까지 어느 나라 음식이냐고 물으면, "일본음식이다"라고 답한다.

163 N. La Cienega Blvd., Beverly Hills, CA 90211. (30) 659-5760
Open: 5:00~11:00pm(월~목) 5:00pm~12:00am(금&토) 5:00pm~10:00pm(일)
디너: $18.00~UP 발렛 파킹($3 이상) 비자.아멕스.마스터.디스커버.다이너스 Seat: 106
Gyu-Kaku in Beverly Hills를 방문한 저자

끊임없는 R&D개발로, 성공해 2008년 05월 23일(금) 12:01 이데일리

일본 牛角, 세계적 레스토랑으로 발전해

연세대학교 FCEO 프랜차이즈 CEO과정에서 특강하는 저자

[이데일리 EFN 강동완 기자] "기업형 자본으로 끊임없는 투자를 통해 해외진출이 가능해지고 있다." 경기대학교 관광대학 박영일 교수는 지난 17일, 연세대 프랜차이즈 CEO과정 특강을 통해 "일본 규카쿠(牛角, Gyu-kaku)는 기업형 자본투자와 함께 고객 Need를 정확히 충족해 성공한 사례이다."고 소개했다.

또 다른 성공사례로 박 교수는 "지속적인 R&D투자로 인해서 맛의 현지화에 성공했다."며 "반면 한식의 경우는 생계형이기 때문에 투자와 현지화가 불가능한 것 같다."고 덧붙였다. 일례로 LA 규카쿠의 경우는 현지인이 80~90%인 반면에, 한국인이 운영하는 식당은 한국사람이 운영하는 것이 대부분이라는 것.

규카쿠의 성공요인에 대해 박 교수는 "한국의 Healthy Food Image로 일본식 문화를 만들어가고 있다."며 "한식의 문화를 현지화시킴으로써 성공했다."고 말했다.

특히 세계화를 통한 고객배려의 사례로 박 교수는 "미국의 경우는 백인, 흑인, 태국인, 티베트인 등 다양한 인종을 종업원으로 사용해 해당국가 손님들에게 바로 언어의 불편함이 없도록 했다."며 "미국의 다양한 인종의 시장에서 고객배려를 위한 서비스를 강화하고 있다."고 덧붙였다.

규카쿠(牛角, Gyu-kaku)는 일본에 직영점 74개, 체인점 664개로 총 738개의 점포를 운영하고 있으며, 주요 메뉴는 한식 위주로 숯불갈비부터 다양한 메뉴로 구성되어 있다.

성공요인

牛角(Gyu-kaku)는 기업형 자본투자로 끊임없는 R&D개발과 마케팅 능력으로 고객들의 Needs를 충족하여 글로벌 외식시장에 진출하여 성공하고 있는 사례다. 牛角(Gyu-kaku) 레스토랑의 내·외부 마케팅 능력은 맛의 표준화뿐만 아니라 식자재 물류 유통과 고객 서비스까지 모든 과정을 매뉴얼화하여 종업원들의 변화와 관계없이 항상 일정하게 유지·관리될 수 있도록 만들어져 있다. 이러한 기업형 외식기업의 지속적인 R&D가 다른 나라의 음식인 한식을 세계적으로 성공시킨 결과를 낳았다.

규카쿠 레스토랑에 들어서는 고객들은 누구나 환대받고 있다는 느낌을 받는다. “이랏샤이마세~”라며 선창과 복창을 하는 소리는 레스토랑을 찾는 손님들의 기분을 좋게 한다. 그리고 낮은 자세로 고객들에게 메뉴 주문을 받는 등 항상 고객을 존대하는 종업원들의 서비스 마인드는 외식기업의 일본식 서비스철학에 기반을 둔 매뉴얼에 따른 고객응대법이다.

서구 레스토랑에서 음식들은 대부분 조리하는 과정에서 냄새를 심하게 풍기지 않는다. 하지만 한식 특히 한국식 바비큐는 테이블에서 바로 고기를 굽기 때문에 고객들의 옷에 고기 굽는 냄새가 배기 마련이다. 하지만 牛角(Gyu-kaku)은 이러한 고객들의 불편을 해소하기 위하여 자체적으로 그릴을 개발하여 매장 내에서 냄새가 나지 않도록 하였다.

규카쿠 홈페이지(www.gyu-kaku.com)의 ‘자주 묻는 질문’(FAQ) 코너에도 “옷에 BBQ 냄새가 배지 않나요?”란 질문이 있다. 이에 대해 규카쿠 측은 “배지 않습니다. 연기를 아래로 빼내도록 특별 디자인한 수입 석쇠를 사용, 연기가 완벽하게 제거된 환경에서 식사하실 수 있습니다.”라고 답하고 있다.

육류는 살찌는 음식, 건강에 그다지 좋지는 않은 음식으로 인식되어 있다. 하지만 牛角(Gyu-kaku)은 이러한 인식의 전환을 위해 한국 음식의 Healthy Food Image를 잘 활용하여 일본식 서비스를 결합함으로써 일본 식문화를 만들어 현지화시킴으로써 성공을 거두고 있다.

다양한 민족들로 구성된 미국의 경우는 백인, 흑인, 태국인, 베트남인, 히스패닉 등 다양한 인종을 종업원으로 사용해 해당국가 손님들에게 바로 언어의 불편함이 없도록 배려하고 있다.

성공의 결과

- 한식의 Healthy Food Image + 일본의 질 높은 서비스
- 기업형 자본투자와 고객 Needs 충족
- 지속적인 R&D 투자 : 맛의 현지화, 표준화, 신메뉴 출시, 물류 개선
- 타국의 음식메뉴로 새로운 시장 진출기회 포착
- 한식의 Healthy Food Image를 일본의 식문화로 만들어가고 있음
- 고객의 90%가 현지인으로 글로벌화 성공

규카쿠(牛角, Gyu-kaku)는 일본 내에서 직영점과 가맹점 등 수백 개의 레스토랑을 운영하고 있는 외식기업이다. 이뿐만 아니라 뉴욕, LA, 하와이, 대만, 인도네시아, 싱가포르 등 해외지점을 다수 운영하여 글로벌 외식기업으로 뻗어나가고 있다. 해외에 진출한 규카쿠 레스토랑 고객의 90%는 현지인들이다. 이는 일본 牛角(Gyu-kaku)이 세계적으로 성공하고 있는 레스토랑으로 발전하고 있다는 좋은 사례로서 우리나라 외식기업들이 참고할 만한 기업이다.

이제는 글로벌 외식시장에서도 기업형 투자와 마케팅으로 승부하는 시대가 되었다. 특히 외식업분야에서 마케팅 능력이 없다면 성공할 수 없는 시대다. 경쟁이 너무나 치열한 레드오션 시장이 되어버린 지 오래되었기 때문이다.

일본의 외식산업은 1964년 동경올림픽 이후 놀라운 성장세를 보여 왔다. 일본 외식산업의 시장규모는 약 24조 3,592억 엔으로 자동차 내수시장과 백화점 매출규모의 1.5배에 달하는 것으로 추정된다. 일본 외식산업은 2006년 6억 인구가 일식을 즐긴다면, 2020년에는 15억의 세계인구가 일본 식문화를

즐기도록 만들어가는 목표를 국가 차원에서 세워 지원하고 있다.

일본 정부는 정책적으로 일식의 고부가가치 사업화로 세계 외식시장에의 진출을 모색하고 음식에 일본문화를 입힌다는 전략으로 일본의 다도, 사케, 식재료, 가부키, 꽃꽂이 등을 외식기업과 함께 해외로 진출시키고 있고 해외 공간을 통하여 일식을 상류층이 즐기는 일식문화로 인식시키고 있다.

LA 비벌리힐스점

규카쿠의 메뉴는 완전한 한식이다.
www.gyu-kaku.com

세계외식기행

Moku-Moku Farm Restaurant

농장에서 외식업까지

Moku-Moku Farm Restaurant

농장에서 외식업까지

모쿠모쿠 농장은 소비자들의 신뢰를 바탕으로 성장하고 있는 농장이다. 안전한 먹거리 생산과 유통, 가공, 농장체험과 숙박 그리고 팜 레스토랑까지 수직계열화한 농업기업이다. 모쿠모쿠 농장은 1983년 안전한 먹거리 생산과 지역경제 활성화 그리고 농촌문화를 지키자는 목표를 가지고 창업하여 연 매출 650억 원에 이르는 성공한 농업회사다. 여기에서는 농산물 생산과 유통 그리고 외식사업까지 수직 계열화된 모쿠모쿠 팜 레스토랑을 소개한다.

외식기업 비전의 중요성

외식기업의 스펙트럼은 소규모에서 대형 프랜차이즈까지 다양한 형태로 구성되어 있다. 어떤 외식기업이든 치열한 경쟁 속에서 살아남기 위해서는 그 외식기업의 Vision과 Mission을 정립하여 타당성을 확인하고 일관성 있게 실천해 나가야 한다. 비전이란 외식기업이 이룩하고자 하는 미래모습을 설정하여 끊임없이 혁신의 방향성을 구체화하여 목표에 도달하는 과정을 말한다. 모쿠모쿠 농업기업은 이러한 비전을 명확하게 제시하고 실천하여 큰 성공을 거두고 있다.

[모쿠모쿠 농장의 7대 사명]

1. 농업진흥으로 지역을 활성화한다.
2. 지역의 자연과 농촌문화를 지킨다.
3. 환경문제를 적극적으로 해결한다.
4. 농산물 안전과 맛을 지킨다.
5. 지식과 생각을 소비자와 함께 나눈다.
6. 마음의 풍요, 미소, 활기찬 직장환경
7. 협동정신을 우선으로 법과 규칙을 준수한다.

모쿠모쿠 농장의 비전 실천

비전이 액자 속에 담겨 있을 뿐 실천이 없는 기업들이 부지기수다. 비전은 그 기업이 지향해야 할 방향성을 의미한다. 모쿠모쿠 농장은 "맛과 먹거리 안전", "친환경"이라는 모토(moto)로 7대 사명을 비전으로 제시하고 실천하고 있는 농업기업이다. 자연환경을 보존하고 소비자의 먹거리 안전을 최우선으로 친환경 유기농산물을 생산한다. 생산과 유통 그리고 가공과정에서 소비자들의 의견을 적극적으로 반영하여 내부 혁신과정을 지속적으로 실천하고, 끊임없는 소통을 통해 소비자들의 반응을 모니터링하고 있다. 농산물 생산과 유통과정에 재미를 더한 농업테마파크로의 변신을 통해 도시 소비자들이 먹거리 생산과정을 직접 체험하게 함으로써 신뢰감을 주고 브랜드 충성도를 높여 다소 비싸지만 먹어야 하는 농산물 브랜드로 자리 잡았다. 소비자 신뢰는 판매 증가에 큰 영향을 주었다. 또한 체험마케팅으로 소비자가 '안심하고 먹을 수 있는 농산물'로 인식하게 되어 지인들에게 선물하고 싶은 농산물 및 농가공식품으로 명성을 얻고 있다.

비전의 실천으로부터 얻은 소비자 신뢰로 모쿠모쿠 농장은 생산된 농산물의 재고를 줄이고 유기농 농산물의 소비를 증대시키기 위하여 자체적으로 도시지역에 11개의 직영 레스토랑을 운영하고 있다. 잘 홍보된 맛집은 고객들이 줄을 서서 기다리면서까지 먹는다. 하지만 그렇지 않은 레스토랑이 더 많다. 세계 어느 나라에서나 나타나는 현상이다. 외식소비자들에 대한 신뢰에 원인이 있다. 맛과 먹거리 안전 그리고 서비스가 그것이다.

모쿠모쿠 농장 레스토랑은 오랜 시간 동안 농산물 생산과 유통과정에서 안전한 먹거리를 통하여 소비자들로부터 신뢰를 얻은 신선한 식자재로 만들어졌기에 브랜드 충성도에 소비자들이 긍정적으로 반응하는 것은 당연한 결과다. 모쿠모쿠 뷔페 레스토랑이 그 지역에서 유명세를 타는 이유이다. 뿐만 아니라 소비자들과 직접적으로 대면 접촉하는 직원들의 의견을 적극적으로 반영하여 직원들의 사기를 충족시키고 직원 만족도를 높이기 위하여 많은 지원과 투자를 하고 있다. 모쿠모쿠 농장 레스토랑에서 직원들은 모두가 경영자이자 주인으로 대우받는다.

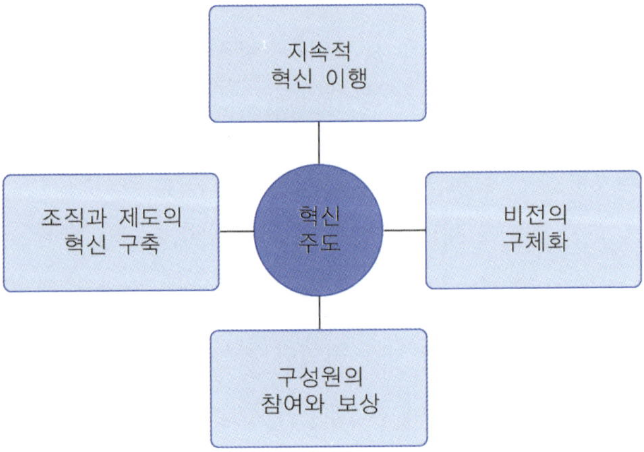

비전과 혁신의 연관성

아무리 소규모의 외식기업이더라도 창업 초기부터 지속적인 혁신을 통해 비전을 실행해 나감으로써 고객들의 충성도로 이어지고 사업의 성공으로 연결될 것이다. 대규모 프랜차이즈 외식기업 또한 조직과 제도적으로 끊임없는 혁신의 틀을 구축하여 비전을 달성해 나가는 과정을 통해 외식기업의 확장성과 시장 지배력이 커질 수 있다. 이 모든 비전의 실행과정은 고객의 니즈를 파악하고 고객의 충성도를 높여 지속적으로 재방문을 유도함으로써 성공적인 기업경영을 목표로 하기 위함이다.

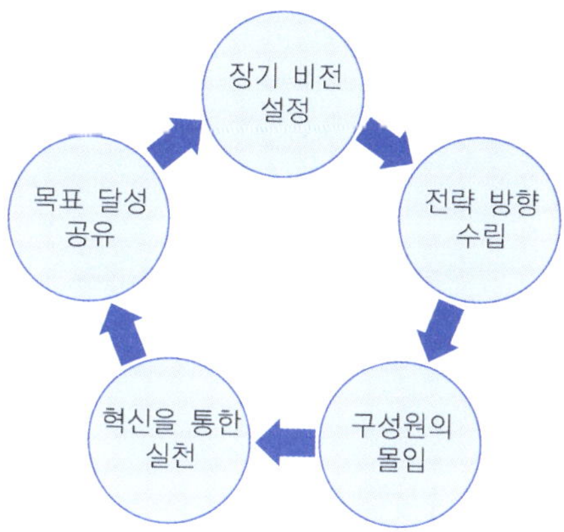

비전의 실행과정

외식기업의 장기 비전 설정의 중요성은 목표와 미래상을 제시하고 공유하여 추구해야 하는 데 있다. 비전은 추상적이거나 현실성이 결여되면 그 실현 가능성이 모호해진다. 비전의 제시가 구체적이고 실현 가능한 목표여야 하는 이유이다.

비전을 실행하고 목표를 달성하기 위하여 전략의 방향성을 수립하여 실행하는 과정은 조직구성원들의 행동기준을 제시하여야 하며, 구성원들의 동기유발과 참여를 이끌어내어 조직을 활성화할 수 있어야 한다.

모쿠모쿠 농장의 팜 마켓을 방문한 저자

조직구성원들의 비전 실천과정에서 몰입이 중요한 이유는 한정된 자원과 제한된 역량을 가지고 최고의 성과를 내야 하기 때문이다. 경쟁력 있는 외식기업들은 명확한 비전과 목표를 가지고 구성원들에게 확고한 목표의식과 공유가치를 부여함으로써 조직의 역량을 극대화하는 기업이다.

비전의 실천과정에서 방향성을 잃지 않고 지속적인 혁신과정을 통한 목표를 실현해 나가는 과정이 필요하다. 비전의 달성은 단기적으로 하루아침에 달성되는 문제가 아니라 끊임없는 오류와 도전이 내재되어 있기 때문에 혁신적으로 대체하는 유연성이 필요하다.

비전의 달성은 대개 2년이나 3년 정도의 기간이 지난 후에 외식기업의 비전과 목표가 달성되고 있는지 알 수 있다. 달성과정에서 혁신을 통해 지속적으로 조직구성원들과 비전을 공유해 나가는 과정에서 경영성과와 고객들의 충성도가 객관성 있는 수치로 보여질 것이다. 외식기업의 비전과 목표는 끊임없는 혁신의 과정에서 달성될 수 있는 것이다.

모쿠모쿠 농장 책임자로부터 경영방침과 역사에 대하여 설명을 듣고 있는 저자

모쿠모쿠 농장 레스토랑의 비전 실천 결과

모쿠모쿠 농장의 안전한 먹거리는 도심 속 팜 레스토랑으로 확장되어 소비자들에게 다가가고 있다. 오랜 시간 동안 농장 운영과 수많은 농장체험자들의 신뢰와 함께 농장에서 안전하게 생산된 다양한 식재료를 이용하여 모쿠모쿠 뷔페 레스토랑을 도심에 오픈한 후 그 지역에서 유명세를 타고 단골고객들의 재방문이 지속적으로 이루어지고 있다. 메뉴는 야채, 과일, 밥 그리고 돈육으로 만들어진 다양한 맛의 소시지, 치즈 등 모쿠모쿠 농장에서 맛볼 수 있는 뷔페와 거의 비슷한 메뉴를 도심으로 옮겨 왔다. 실내 인테리어는 시골풍이 물씬 풍기도록 통나무를 기본으로 하고 있다.

도심에 있는 농장레스토랑은 농산물을 직접 먹어보고 맛과 안전성을 확인한 도시 소비자들이 인터넷으로 또는 직접 구매할 뿐만 아니라, 가까운 친인척들한테까지 선물로 보내기도 한다. 현재 모쿠모쿠 농장레스토랑의 인기는 브랜드 확장전략에 기여할 뿐만 아니라 청년창업과 일자리 창출에도 기여하고 있다.

모쿠모쿠 팜 농장 주변 지역의 농부들이 생산한 유기농 식자재의 판매를 돕고 부가가치 향상을 위해 도심에 농장레스토랑을 오픈하여 농산물의 생산과 가공 그리고 유통과 외식업까지 수직계열화하였다.

모쿠모쿠 팜 레스토랑에서 식사(깔끔하고 정갈한 음식들)

모쿠모쿠 팜에서 생산되는 다양한 농식가공식품들
www.moku-moku.com

저자가 직접 방문한 모쿠모쿠 농장 식당가에서 맛보았던 돈가스는 우리나라 여느 돈가스 전문점에서나 볼 수 있는 얇디 얇은 돼지고기에 튀김가루 잔뜩 입혀서 기름에 튀겨낸 그런 돈가스가 아니었다. 돼지고기 살집이 두툼하게 살아 있는 다시 찾고 싶은 그런 진정한 돈가스가 여기에 있었다. 외식사업에서 고객의 혀끝을 속이려 한다면 성공과는 점점 더 멀어질 것이다.

모쿠모쿠 농장 내 레스토랑 거리를 방문한 저자

모쿠모쿠 레스토랑을 방문한 저자. 진정한 돈가스 맛

외식사업에 진입하고자 한다면 식재료를 고르는 안목이 있어야 하는 이유이다.

모쿠모쿠 농장의 숙박시설은 겉은 화려하거나 살 정돈되지 않았지만 실내시설은 우리나라 어떤 농가의 숙박시설에서 볼 수 없을 만큼 깨끗하게 잘 정돈되어 있어서 웬만한 4성급 호텔 이상이었다. 우리나라 농가 레스토랑이나 숙박 운영자들도 고객을 대하는 서비스 시설과 정신은 일본의 서비스문화를 배워야 할 필요가 있다는 생각이다.

저자가 1박을 한 모쿠모쿠 농장의 숙박시설과 깨끗한 내부

モクモク
団体様貸切
ご予約
承ります
座数105席
※貸切ご希望のお客様は90名様以上で貸切が可能となります。
※90名以下で貸切をご希望のお客様は店舗までご連絡ください。
※ご予約状況やお時間帯・繁忙期によってはお受けできない場合やお時間指定をさせていただく場合がございます。詳しくは店舗までご相談ください。
※メニュー内容に関しては変更も可能です。ご予約時にご相談ください。
モクモクは伊賀の里で農業しています。
そしてその農作物を自らの手で加工しています。
ハム・ウィンナー、パン、地ビール、お米、
とうふ、お野菜…
自分たちでつくるからこそ農業の大切さ
食べることの大切さをもっともっと伝えたい…
「元気になる農場レストランモクモク」は
そんな思いがつまったビュッフェレストランです。
モクモク地ビールをたっぷり味わう！
ディナータイム限定
ディナータイム限定
フリードリンクプラン
モクモクの職人のこだわりがつまった地ビール
（ゴールデンピルスナーと春うらら）と国産ワインを
お楽しみいただけるプランです。
お食事代
+
お一人様
1.620円（税込）
※フリードリンクは90分間、お席の時間は120分とさせて頂きます。
※その他にも日本酒や焼酎などをお楽しみいただけるプランもございます。
詳しくはスタッフまでお尋ねください。
木を基調としたインテリアの
ゆったりとした空間で
お食事をお楽しみください。
ランチタイム
11:00~16:00
（最終入店 15:00）
大人（中学生以上） 1.851円（税込）
小学生 1.080円（税込）
幼児（3歳以上） 540円（税込）
2歳以下 無料
ランチ貸切プラン
大人
2.000円
（税込）
ディナータイム
平日 17:30 ~ 22:00
（最終入店 21:30）
土日祝 17:00 ~ 22:00
（最終入店 21:30）
大人（中学生以上） 2.399円（税込）
小学生 1.337円（税込）
幼児（3歳以上） 540円（税込）
2歳以下 無料
ディナー貸切プラン
大人
2.500円
（税込）
〒604-8034 京都市中京区河原町通り六角西入ル松ヶ枝町457 ホテルビスタプレミオ京都1F
TEL:075-212-0929 http://www.moku-moku.com/tyokueinew/kyoto.html
※ご提供するお料理は、季節の食材の調達・時間帯などにより変更になる場合がございます。予めご了承ください。

세계외식기행

Fogo de Chao

온고이지신

Fogo de Chao

온고이지신

외식마케팅에서 브랜드 전략은 자사의 외식메뉴와 서비스 등을 고객들에게 좋은 이미지로 인지시키는 전략이다. 이는 충성도와 연결되어 외식고객들의 재구매효과에 큰 영향을 미친다. 브랜드는 기업의 이미지 또는 제품의 이미지와 직결되기 때문에 기업의 사회적 책임과 외식메뉴의 품질 그리고 서비스까지 외식고객들의 마음을 얻기 위한 전략으로 그 중요성을 간과해서는 안 된다.

브랜드는 영리 또는 비영리적 목적으로 상품이나 서비스를 다른 경쟁자들과 차별화하기 위하여 사용하는 상징성을 가져야 한다. 외식시장에서 가장 핫한 브랜드 경쟁 중 "~원조"라는 원조 경쟁이 있다. 브랜드의 본질은 누가 언제 만들었다고 해서 그 역할을 다하는 것은 아니다. 외식마케팅에서 브랜드 전략은 그 이미지를 하나하나 쌓아가서 자산으로 만들어가는 데 그 의미가 있다.

브랜드 자산은 외식기업의 이름과 상표, 로고 그리고 제품의 질과 서비스 등 고객들에게 제공하는 다양한 가치를 말한다. 브랜드의 가치는 체계적이고 과학적으로 관리되지 않으면 가치가 감소할 수밖에 없다. 따라서 브랜드는 지속적으로 관리하여 고객들의 충성도를 높게 유지하여야 기업이 지속적으로 성장하는 데 그 역할을 할 수 있다.

Fogo de Chao 브랜드 이미지 창출과정

외식브랜드 자산

브랜드 자산이란 어느 한 기업에서 생산하는 제품이나 서비스 그리고 고객들에게 제공하는 가치 등 사회 보편적 인식으로 브랜드의 상징성이 가지는 자산과 부채를 통틀어서 만들어진다. 한마디로 말하면 기업의 이미지다. 한 기업의 이미지가 좋고 나쁨에 따라 그 기업의 제품이 소비자들로부터 선택받느냐 외면받느냐의 문제가 대두된다. 따라서 브랜드 이미지는 사회관계망이 촘촘하게 발달된 오픈 사회에서는 더욱더 기업의 흥망성쇠와도

직결되는 중요한 무형의 자산으로 인식되고 있다.

브랜드 가치 유지 : 일관성과 보완성

외식기업에서 브랜드는 가계의 이름 또는 메뉴도 브랜드의 자산이 될 수 있다. 우리나라 외식기업의 경우 아직까지는 외식브랜드 자산의 가치를 중요하게 여기지 않는 경향이 있어왔다. 다양한 이유들이 있겠지만, 우선은 외식 플레이어들이 브랜드 이미지 속성에 대한 인식이 부족한 데서 그 이유를 찾을 수 있겠다. 브랜드 이미지 연상은 세분시장, 고객 로열티, 고객의 재구매 등에서 시간이 경과함에 따라 외식기업의 존폐 또는 매출에 지대한 영향을 줄 수 있는 문제이다. 다음으로, 외식기업은 고객들이 자사의 외식브랜드 인식수준이 어느 위치에 있는지 항상 파악해야 한다. 자사의 브랜드 인식수준에 따라 외식고객들의 메뉴 또는 외식기업 선택의 빈도 횟수가 달라지기 때문이다. 따라서 외식기업의 경영자는 경험에 의하여 고객들의 충성도를 관리해서는 안 된다. 고객들의 만족도, 충성도에 대하여 체계적이고 신뢰할 수 있는 수준으로 관리해야 브랜드 로열티가 지속적으로 유지될 수 있을 것이다. 마지막으로 외식기업은 브랜드 자산관리를 위하여 비전을 명확히 함으로써 모든 종업원들이 지속적으로 수행할 수 있는 외식마케팅전략 수립에 최선을 다해야 한다.

외식메뉴 선택에 외식브랜드 자산의 영향

외식기업의 브랜드 자산은 외식마케팅 요소 중에서 가장 중요하다. 외식고객들에게 인지된 외식메뉴의 질과 서비스 등이 경쟁자들의 브랜드 인지도보다 높은지 낮은지에 따라 외식고객들의 매장 선택과 횟수가 달라지기 때문이다. 따라서 외식기업에게 가장 중요한 브랜드 로열티 요소는 외식메뉴의 질이다. 즉 맛이다. 우리나라처럼 사계절이 뚜렷한 나라에서는 계절이나 날씨에 따라 메뉴의 선택이 달라질 수 있다. 예를 들면 여름에는 냉면, 겨울에는 뜨거운 탕류가 그렇다. 다만 외식고객들이 어떤 메뉴를 먹고 싶을 때 자사의 외식메뉴 또는 브랜드가 연상되는지가 브랜드 충성도다. 브랜드 인지도, 충성도는 바로 외식고객들이 날씨에 따라, 모임의 성격에 따라, 경제적 상황에 따라 어느 위치에서 선택의 최우선에 있느냐의 문제다. 이것이 브랜드 또는 외식메뉴의 연상 속성이다.

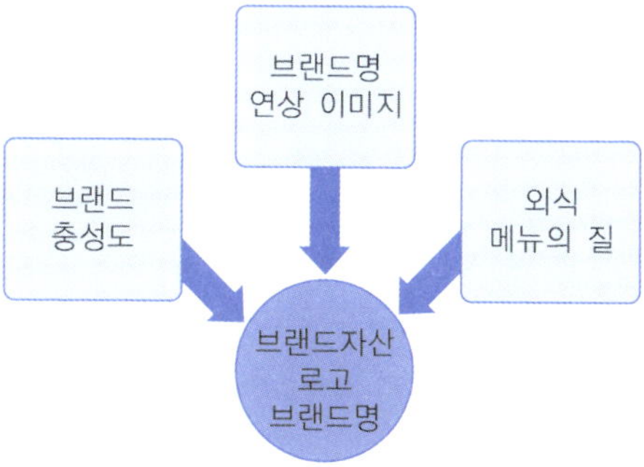

외식메뉴 선택에서 브랜드 자산의 영향

외식메뉴의 질

외식브랜드의 충성도, 인지도에서 가장 중요한 요소는 뭐니 뭐니 해도 음식의 높은 품질과 맛이다. 고객들이 외식기업을 선택하는 기준이 되기 때문이다. 즉, 외식메뉴를 구매하는 핵심적인 이유가 되기 때문이다. 외식메뉴의 맛과 질은 타 경쟁자들과 차별화 또는 고객들에게 포지셔닝되어 어떤 경우에서도 자사의 외식매장을 방문 또는 주문하도록 하기 때문이다. 어떤 상품에서든 인지된 제품의 질은 가격 경쟁력보다 우위에서 소비자들이 선택하는 경우가 많기 때문에 제품의 질은 고객들에게 가장 중요한 요소가 된다.

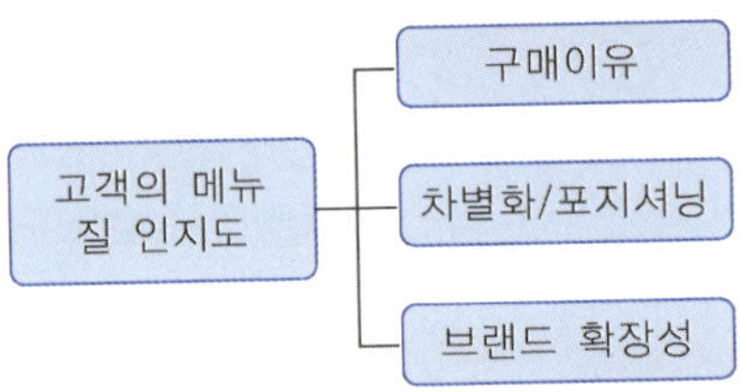

외식메뉴의 질 인지도에 따른 브랜드에의 영향

브라질 음식문화의 형성

브라질의 음식문화 형성과정을 보면 현재 인구의 약 1% 정도 되는 인디오문화와 브라질 인구의 약 6%인 흑인들의 문화, 브라질 경제권을 가지고 있는 인구의 55%인 백인들의 상류문화가 혼합되어 있다.

인디오 음식문화

인구의 약 1% 남짓으로 브라질 북동부 국토의 2/3를 차지하고 있는 아마존 지역에서 원주민 형태로 살아가고 있다. 이들의 음식문화는 대부분 자연으로부터 얻는다. 야생과일, 야생동물, 아마존강에서 얻는 생선 등이 풍부하여 특별하게 인위적으로 생산하는 음식문화가 아니다. 인디오 음식문화에서 오늘날 브라질의 중요한 식재료가 된 것은 마니오까(Manioca)다. 브라질의 마니오까(manioca)는 감자와 비슷한 뿌리 작물로 갈아서 식재료로 사용한다. 생선튀김을 발라 먹기도 하는 등 마치 소금처럼 식탁 위에 항상 준비되어 있다. 가루를 내어 생선을 튀겨 고추기름에 발라먹는 피렁이 인디오들의 대표음식이다.

흑인 음식문화

1500년 브라질을 발견한 포르투갈인들은 사탕수수 농장에서 일할 흑인 노예들을 브라질로 강제이주시키기 시작하여 오늘날 남미의 흑인문화를 형성하게 된 배경이 되었다. 흑인 음식의 가장 큰 특징은 소금과 마늘을 많이 사용하는 것이다. 아프리카의 더운 지역에서 땀을 많이 흘려 염분을 충분히 보충하기 위해서였고, 마늘은 아프리카 열병으로 사람들이 죽어 바이러스 전파를 막아주는 역할을 한다고 믿었기 때문이었다. 흑인들은 야자수의 일종인 아프리카에서 가져온 식물인 덴데(dende) 열매에서 기름을 짜서 음식을 튀길 때 사용한다. 덴데 기름은 끓이기 전까지는 아무 맛이 나지 않지만 음식을 튀기면 독특한 맛과 향을 내어 풍미가 있을 뿐 아니라 풍부한 지방분을 함유하고 있어 노동을 많이 하는 흑인노예들에게 열량을 공급하는 매우 귀중한 식품이다.

흑인노예 음식을 대표하는 것으로는 페이조아다(feijoada)가 있다. 페이조아다(Feijoada) 음식은 브라질 국민의 대표음식으로 돼지고기, 소고기 뼈와 내장과 함께 검은콩, 마늘 등 다양한 양념을 넣고 푹 고아서 만드는 일종의 스튜다. 이 음식의 역사를 살펴보면, 사탕수수 농장에서 일하는 흑인노예들이 먹을 것이 부족하여 백인주인들이 먹지 않는 소·돼지의 머리, 내장, 뼈 등 부산물을 야채와 함께 푹 끓여 먹던 것이 전해 내려와 오늘날 브라질의 국민음식이 되었다. 마치 우리나라 설렁탕의 역사와 그 맥을 같이한다.

쿠스쿠스(couscous)는 아프리카의 이집트와 모로코 등 북부지방에서 즐겨 먹는 음식으로 밀가루나 보릿가루로 만든 것이다. 하지만 브라질에서는 생산량이 많은 옥수수가루를 반죽한 후 소금을 뿌려 삶아서 야자수 기름을 발라 먹는다. 옛날에는 흑인노예들이 주로 가정에서 만들어 먹었지만 지금은 브라질 제빵공장에서 대량으로 만들어낸다. 브라질에서 인기 있는 빵이다.

하지만 대표적인 브라질 요리의 대표는 뭐니 뭐니 해도 츄라스코다. 결혼식, 생일, 파티 또는 다양한 축제날에 반드시 있어야 할 요리이기 때문이다. 지금은 1미터 이상 되는 긴 쇠꼬챙이에 굵은소금을 뿌려가면서 숯불에 소고기, 돼지고기, 양고기 덩어리를 구워낸다. 겉부분이 구워지면 손님들한테 베어 주고 덜 익은 부분은 다시 숯불에 굽기를 반복하는 일종의 꼬치구이다.

백인 음식문화

브라질의 상류문화는 포르투갈인들이 주류로 이탈리아, 독일 등 선진유럽의 백인들이 이주해 왔기 때문에 유럽문화가 주류사회를 이루었다. 하지만 브라질 북부지역은 인디오 등 원주민들의 문화가 자리 잡아 비옥한 땅 남부의 음식문화와는 많은 대조를 이루었다. 하지만 브라질은 다양한 이민족들이 섞여 음식문화도 퓨전화되어 갔고, 특히 페이조아다, 츄라스코 등 흑인노예들의 음식문화가 브라질의 대표음식이 되었다. 백인들의 대표음식으로는 대구요리가 있다. 이는 포르투갈의 가장 대표적 음식인 대구요리가 남미 브라질의 대표메뉴로 자리 잡았다. 백인들은 브라질의 비옥한 땅 남부 상파울루(São Paulo), 리우데자네이루(Rio de Janeiro)에서 엠파다(empada), 호박파이, 칠면조 등의 음식문화를 포도주와 함께 즐긴다.

브라질 바비큐 문화의 배경

브라질 바비큐를 우리는 츄라스코(Churrasco)라고 한다. 같은 남미문화권인데 아르헨티나 바비큐는 아사도(Asado)라고 한다. 아사도가 가우초

(Gaucho)들의 음식이었다면 츄라스코는 브라질 흑인노예들의 음식이었다. 구이방식도 달랐다. 초기의 아사도 구이는 넓은 들판에서 불을 피우고 소의 갈비를 통째로 꼬챙이에 끼워 5시간 이상을 돌려가면서 굽는다. 소금만 뿌려 간을 맞추는 것이 특징이다. 브라질의 슈하스쿠는 사탕수수 흑인노예들이 백인주인 몰래 고기 요리를 해야 했기 때문에 불에 잘 달궈진 돌과 함께 소고기를 땅속 깊이 묻어서 요리하는 방식이었다. 하지만 지금은 구이방식이 변하여 긴 쇠꼬챙이에 덩어리 고기를 끼워 숯불에 구워낸다. 오늘날 츄라스코는 브라질 서민음식이었던 페이조아다와 함께 브라질의 대표음식으로 자리 잡았다.

브라질은 1500년대에 포르투갈인에 발견되어 1822년에 독립되기까지 대규모 사탕수수 농장으로 사용되었다. 브라질은 세계에서 다섯 번째로 국토가 넓은 나라이면서 남미대륙의 2/3를 차지한다. 인구는 약 1억 6천만 명으로 백인계가 55%, 흑인계가 6%, 혼혈이 38% 그리고 인디오들이 1%로 구성되어 있다. 그 과정에서 다양한 문화가 탄생되어 오늘에 이르렀다. 특히 흑인노예들이 농장에서 일하면서 아프리카 문화가 접목되어 리우데자네이루의 삼바축제, 브라질 대표음식인 페이조아다와 츄라스코 바비큐 문화가 만들어졌다.

Fogo de Chao의 탄생은 브라질 츄라스코 바비큐를 고급레스토랑 브랜드로 만든 일등 공신이다. 이 음식은 Rio Grande의 산골지역인 Do Sul에서 시작되었다. 요리사였던 한 형제가 돌을 달궈 고기와 함께 땅속 깊이 묻어 요리하는 방식이 번거롭게 시간이 많이 걸리자 새롭게 고기 굽는 방식을 만들어낸 것이 오늘날 츄라스코(Churrasco) 메뉴의 탄생 배경이 되었다. 이들은 1979년 첫 번째 Fogo de Chao 레스토랑을 Rio Grande에 오픈하였다. 이후 1985년 상파울루, 1997년 미국 Dallas에 오픈함으로써 본격적으로 브라질 바비큐를 세계에 선보이게 된다. 현재는 LA를 비롯하여 많은 나라에서 브라질 바비큐를 선보이고 있다.

[Fogo de chao의 역사]

- Rio Grande do Sul의 산골지역에서 Gaucho 출신의 형제들이 요리법을 발전시킴
- 전통방식은 구덩이에 불을 지펴 돌을 달군 뒤 그 위에 고기를 굽는 방식이었다.
- 이들 형제가 Rio Grande 식당에서 종업원으로 일하면서 요리사가 되어 Gaucho식 전통 비비큐인 Churrasco를 현재 요리법으로 개발

미국 LA 비벌리힐스 Fogo de Chao Restaurant을 방문한 저자

Fogo de Chao 레스토랑은 이제 브라질 소고기 바비큐의 상징인 츄라스코를 대표하는 고급식당으로 자리 잡았다. 아주 품격 있는 브라질 바비큐 레스토랑을 대표하는 브랜드가 되었다는 의미다.

레스토랑 입구는 기다리는 고객들을 위한 와인, 칵테일 Bar

무엇보다 음식의 질과 서비스의 질이 고급 다이닝 레스토랑이라는 브랜드 이미지를 유지시켜 주고 있었다. 레스토랑 내부는 전형적인 미국의 Dinning Restaurant의 실내 분위기를 연출하고 있었다. 레스토랑 입구에는 3미터 이상 되는 높은 벽면 가득 다양한 종류의 와인이 잘 저장된 엄청난 규모의 와인바가 츄라스코를 즐기기 위해 줄 서서 기다리는 외식고객들에게 식전 와인과 칵테일을 서빙하고 있었다. 고객으로 가득 찬 레스토랑 실내는 부촌의 고객들이 "Churrascaria de rodizio"로 불리는 웨이터들의 서빙을 받고 있었다.

저자가 LA 현지에서 찍은 사진들
(고객들에게 친절하게 서빙하는 Churrascaria de rodizio)

쇼윈도에 전시된 가우초들의 바비큐 방식

레스토랑 테이블에 앉으면 놓여 있는 초록색과 빨간색 양면카드의 의미를 잘 이해해야 한다. 초록 사인이 테이블 위에 올려져 있는 동안에는 끊임없이 다양한 츄라스코 요리를 웨이터들이 권한다.

저자는 친절한 웨이터들의 서비스를 받으면서 브라질 바비큐를 마음껏 즐겼다. 신선한 야채, 빵 그리고 디저트까지 음식의 품질 또한 최고였다.

츄라스코 바비큐의 서빙 여부는 한 장의 카드에 달려 있다. 여러분의 테이블 위에 빨간색 사인을 올려놓고 있다면 츄라스코 바비큐 맛은 볼 수 없을 것이다. 조심하시길~

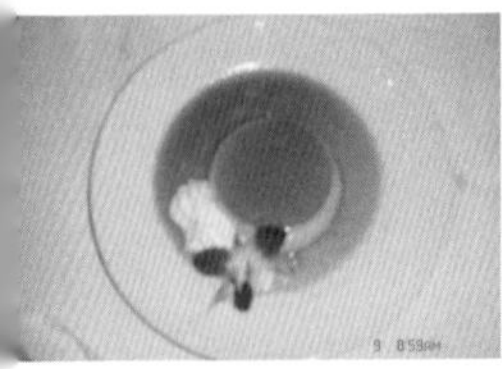

저자가 방문한 LA 비벌리힐스점

실제는 주방 안쪽에서 긴 쇠꼬챙이에 덩어리 고기를 숯불에 구워낸다. 우리나라 형광등 불빛 아래에선 음식들과 그 품격이 다르게 느껴진다. 저자가 방문한 날 할리우드 관계자들의 파티가 있었다. 홀 중앙 평면 냉장 코너에는 신선한 야채와 스시 등이 셀프서비스로 가득 채워져 있었다.

고급스러운 실내 인테리어와 은은한 불빛, 아래는 셀프서비스 공간

Fogo de Chao는 ZAGAT 등 미국 레스토랑 잡지들에서 높은 평가를 받아오고 있다. 이미 브랜드 이미지 또한 높게 평가받아 Dinning Restaurant으로 손색이 없다. 이제부터는 브랜드 유지전략만이 유일하게 신경써야 할 부분인 듯하다.

[AWARDS]

- Best New Restaurant: by Atlanta Creative Loating
- Most Memorable Meal Award: by Where Atlanta Magazine
- Best New Restaurant
- Best Service
- Top 10 Best New Restaurant: by the Dallas Morning News
- Silver Spoon Award: by Georgia Trend Magazine
- Hot! Concepts Award: by Nation's Restaurant News

[AWARDS]

- Award of Excellence 2002, 2003, 2004, 2005, 2006, 2007: by Wine Spectator Magazine
- America's Top Restaurants: by Zagat Survey
- Best Brazilian Steakhouse in Dallas
- Best Place to Power Eat: by Avid Golfer Magazine
- Best Steakhouse: by Atlanta Magazine
- Top 50 Best Restaurant: by Atlanta Journal-Constitution
- One of Chicago's Best New Restaurants: by Chicago Magazine

세계외식기행

Ikinari Steak

창의적 외식사업

Ikinari Steak

창의적 외식사업

이키나리 스테이크 하우스는 특이한 외식기업이다. 아무도 음식을 서서 먹을 수 있다는 생각을 하지 않을 때 바쁜 현대인들의 이동이 가장 많은 역세권, 쇼핑몰 등을 선정하여 여타 다른 서비스를 대부분 빼고 오로지 스테이크의 품질과 가격에 집중하여 빠른 시간 내에 저렴한 가격으로 스테이크를 먹을 수 있도록 설계된 마케팅핵심 편익 중 기능적 편익으로 성공을 거두고 있다. 스테이크의 본고장은 미국이고 스테이크 맛도 미국이 최고다. 이키나리 스테이크 하우스는 스테이크 본고장인 미국 뉴욕에 진출한다.

시장세분화 과정의 편익 세분화

외식마케팅에서 고객들이 특성 가치로 소비할 때 얻어지는 이익이 편익이다. 외식소비 과정에서 고객들은 다양한 방법으로 각자 편익적 가치를 얻고 대가를 지불한다. 즉 편익은 외식 소비자들이 특정 외식기업을 선택하는 데 중요한 좌표가 된다. 외식마케팅 편익 세분화의 예를 보면 기능적 편익, 감각적 편익, 상징적 편익으로 나뉜다.

외식마케팅 세분화 과정에서 핵심편익

구분	기능적 편익	감각적 편익	상징적 편익
편익의 예	1. 배고픔 해결 2. 접근성 3. 경제성 4. 패스트푸드	1. 오감자극 2. 세련된 유니폼 3. 자극성 강한 음식 4. 전망 좋은 레스토랑	1. 자아욕구 실현 2. 고급레스토랑 3. 최고의 서비스 4. 고가 멤버십 5. 고가 식음료

기능적 편익

외식마케팅 세분화 과정에서 기능적 편익은 간단하다. 인간이 외식을 통해 배고픔을 해결하는 것이다. 이외에도 고가의 스테이크를 아주 경제적인 가격으로 먹을 수 있는 욕구의 해결, 언제 어디서든 접근성이 좋은 편리성 그리고 경제적인 가격으로 외식소비를 할 수 있는 등 기능적 측면이 강한 외식소비를 기능적 편익 세분화로 정의한다. 일본의 이키나리 레스토랑은 이러한 인간의 기능적 욕구를 아주 편리하고 저렴하게 채워주는 레스토랑이다.

2013년 12월 동경 긴자 거리에 1호점을 오픈한 이후 2년여 만에 100개의 스테이크하우스로 성장가도를 달리고 있다. 이키나리는 입석 레스토랑이다. 음식의 메뉴 또한 아주 심플하다. 고객은 매장에 입장할 때 고기의 양을 주문하고 계산하면 끝이다. 스테이크 무게에 따라 가격을 낸다. 그리고 셀프서비스다. 각종 운영비를 줄여서 스테이크의 품질과 저렴한 가격으로 외식고객을 유치하여 성공한 외식기업이다. 어떤 애피타이저도 없다. “스테이크는 애피타이저 없이 바로 먹어야 맛이 있다”라고 주장하는 (주)페퍼푸드서비스 외식기업의 이치노세 회장의 경험에서 나온 신념을 현실화한 스테이크 전문 레스토랑이다.

매장 입구에서 줄 서서 기다리는 고객들과 저자

자신이 먹고 싶은 고기양을 오더하는 고객들
(스테이크 주문 후 받은 번호표를 가지고 교환한다.)

고객들이 구매한 스테이크를 현장에서 바로 구워낸다.

오직 스테이크 고기에 집중된 이키나리 스테이크 레스토랑 내부

이키나리 레스토랑 내부는 많은 고객들로 붐볐다.
모든 고객들은 서서 스테이크를 빠르게 먹은 후 일상으로 돌아갔다.

이키나리 스테이크의 성공요인

경제적으로 합리적이고 저렴한 가격

일본 소비자들은 전통적으로 합리적인 소비를 선호한다. 일본 경제불황이 20여 년 동안 장기적으로 지속되면서 일본인들은 미래에 대한 불안심리 등으로 합리적이고 검소한 경제활동이 몸에 배게 되었다. 따라서 특별한 날이 아니면 철저하게 절약하는 소비를 한다. 이러한 일본 외식소비자들의 트렌드를 잘 읽고 현실화시킨 레스토랑이 이키나리 레스토랑이다. 스테이크는 비싸다는 통념을 깨고 고급인테리어에 애피타이저 그리고 후식과 폼나는 서비스까지 모두 제거된 스탠딩 테이블에 오직 스테이크 그 자체에 집중한 기능적 편익제공으로 성공한 외식기업이다. 고급레스토랑의 스테이크 가격의 반 이상 저렴한 가격으로 편리하게 접근 가능한 장소에 위치한 이키나리 레스토랑이 성공한 이유 중 하나다.

혁신적이고 창의적인 스테이크 하우스의 변신

그동안 스테이크는 비싸다는 통념이 지배해 왔다. 고급레스토랑에서 우아하게 서비스를 받으면서 코스로 즐기는 그런 요리였다. 이러한 관념을 파괴하고 핵심적 편익 외에 모든 부분을 제거하여 오로지 외식고객들이 스테이크 메뉴에만 집중할 수 있도록 그리고 경제적이고 합리적인 가격으로 구매할 수 있도록 혁신적이고 창의적인 새로운 개념의 스테이크 하우스를 현실화시켰다. 레스토랑에 들어가면서 고기 종류와 양을 주문하고 계산까지 마무리한다. 스탠딩 테이블에 간단한 양념류만 제공되고 모든 것이 셀프 서비스다.

주방은 모든 고객들에게 오픈되어 고기 주문과 굽는 소리가 시끌벅적하게 매장의 분위기를 활기차게 돋운다. 외식소비자들은 자신이 오더한 스테이크를 굽는 주방 안의 종업원들을 바라보면서 군침을 삼킨다. 고객과 종업원이 무언으로 일체감을 느끼게 만드는 묘한 레스토랑을 연출하고 있다.

레스토랑 투자비는 최소, Standing Table의 회전율을 높이다

평소 스테이크 요리를 먹고 싶지만 비싼 가격 때문에 접근이 어려웠던 잠재적 욕구를 가진 외식고객들이 많다는 것을 시장세분화 리서치를 통해 파악한 오너는 고객들의 니즈를 충족시키는 데 모든 경영을 집중하였다. 스테이크를 저렴하게 팔기 위해서는 투자비가 저렴해야 한다. 가장 큰 문제는 공간 활용문제였다. 이 문제 해결은 좁은 공간에 많은 고객들을 수용할 수 있는 스탠딩 테이블이었고 고객들은 오래 서 있기보다 빠른 식사를 원했다. 테이블 회전율은 자연스럽게 높을 수밖에 없다. 적은 투자비와 높은 회전율로 이키나리 스테이크 하우스는 빠르게 성장하였다.

철저한 품질관리 시스템

모든 영업점에서 동일한 품질의 육류를 공급할 수 있도록 전문화, 표준화, 단순화를 기준으로 관리하고 있다. 본사인 페퍼푸드서비스에서 이키나리 육류의 부위, 규격, 숙성방법과 기간, 절단방법 그리고 굽는 방법까지 품질관리시스템 기준을 만들어 모든 점포에서 동일하게 적용하여 고객들에게 같은 맛과 서비스를 제공하고 있다.

돈보다 고객우선 경영자 철학

돈보다 고객우선 영업 전략을 실천하라. 이키나리 스테이크 하우스의 경영철학이다. 이키나리는 외식고객들에게 지속적으로 니즈 충족과 편익을 제공하기 위하여 매장 내에서 고객들이 움직이는 동선과 선호하는 양념류를 과학적인 방법으로 리서치하고 개선해 나간다. 또한 육류의 보관방법, 절단방법, 굽는 방법 등을 끊임없이 연구하여 고객들에게 최상의 맛있는 스테이크를 제공하려는 노력을 하고 있다.

일본 대형쇼핑몰 내 이키나리 레스토랑에서

이키나리 레스토랑의 특징

주식자재인 고기의 원가율은 70%에 이를 정도로 높다. 외식업계 평균 식자재 원가율이 많아야 40%인 점에 비교하면 상당히 높아 경영이 될까 의문이 간다. 하지만 이키나리는 인건비 등 고정비 지출이 다른 외식기업에 비하여 현저히 낮다. 외식고객들의 핵심편익에 집중했기 때문이다. 고가의 스테이크를 아주 저렴한 가격으로 편리한 장소에서 간단하게 먹을 수 있다는 핵심전략으로 승부를 걸었다. 단순하게 기능적 편익만을 제공하는 전략이다. 셀프로 운영되는 스탠딩 테이블에서 애피타이저 없이 오로지 스테이크만 먹는다. 테이블 회전율은 높고 종업원 수가 현격하게 적어 고정비 지출이 아주 낮은 점이 특징이다.

고기 적립카드 운영

스마트폰으로 관리되는 멤버십 카드는 고기 주문량에 따라 4단계로 등급을 나눠 생일, 음료, 고기양 추가 등의 혜택을 준다. 또한 고객들이 자신이 소비한 고기양이 얼마나 되는지 모바일 랭킹사이트를 운영하여 관심을 가지게 함으로써 고객 충성도를 유도한다.

이외에도 샐러리맨들이 고기를 먹어도 체중을 줄이는 캠페인을 진행함으로써 고기 소비량과 함께 줄어든 체중에 따라 고기 마일리지 제도를 운영한다. 이러한 이벤트를 통해 소비자들의 관심과 홍보 효과를 누리고 있고 충성도 강한 고객들을 지속적으로 관리하고 있다.

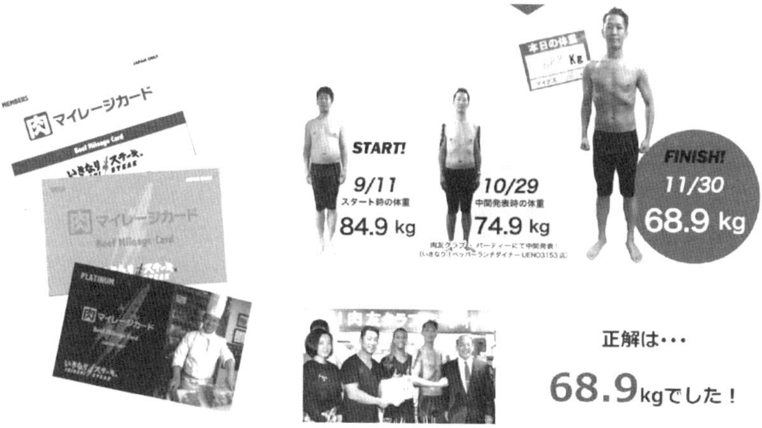

사진 출처: 이키나리 홈피

저자가 방문한 일본 북해도 이키나리 레스토랑

세계외식기행

IN-N-OUT &

Shake Shack Burger

이노베이션의 효과

IN-N-OUT BURGER

SHAKE SHACK

IN-N-OUT & Shake Shack Burger

이노베이션의 효과

SHAKE SHACK

햄버거는 미국을 대표하는 음식이다. 맥도날드, KFC 브랜드는 패스트푸드를 대표하는 음식으로 스테이크와 함께 미국을 상징하는 음식으로 통한다. 빅맥지수(Big Mac Index)는 세계 각 나라의 상대적 물가수준과 통화가치를 비교하는 데 이용될 정도로 맥도날드 햄버거 매장은 전 세계에서 영업 중이다. 하지만 기라성 같은 햄버거 브랜드에 도전장을 내민 신생 브랜드가 있었다. 이 브랜드는 기존 햄버거 시장에 새로운 바람을 일으키고 있는 패스트푸드 외식기업이다. 미국 LA를 중심으로 서부의 강자 IN-N-OUT Burger와 미국 맨해튼을 중심으로 동부의 강자 Shake Shack Burger가 이들이다. 이들 외식기업들은 기존 햄버거 유통과정을 혁신하여 성공을 거두고 있는 신흥강자들이다. 이 외식기업의 마케팅전략은 신선한 햄버거, 즉 햄버거 패티를 즉석에서 만들어 굽고, 포테이토 칩을 즉석에서 만들어 튀긴다. 철저하게 신선하고 품질 좋은 햄버거를 원하는 고객들을 표적시장으로 잡았다. 표적시장 선정 후 마케팅 수행과정은 차별화 전략으로 고객의 선택을 받고 있다.

우선, IN-N-OUT의 History부터 살펴보자. 1948년 Harry Snyder 창업자는 Drive-thru 첫 번째 매장을 오픈하였다. 창업자는 새벽마다 신선한 고기와 식자재를 구입하기 위해 시장을 나가고 부인은 저녁에 회계를 처리했다. 창업자는 고객들이 차 안에서 내리지 않고 주문과 계산 그리고 픽업을 할 수 있도록 양방향 스피커 박스를 고안해 냈다. 1550년 주문과 동시에 지연 없이 빠르게 서비스한다는 의미로 화살표 모양의 로고를 고안하여 오늘날에는 직원들의 자부심으로 통한다. IN-N-OUT은 2015년 300번째 매장을 오픈하기까지 무려 67년이 걸렸다. 고객만족을 위해 준비되지 않으면 햄버거 매장을 추가 오픈하지 않는다는 경영철학 때문이다. 느리게 성장하되 고객들의 니즈를 모두 충족시키려고 노력하는 과정이었다. 이러한 이유가 오늘날까지 지속적으로 고객들로부터 신뢰받는 이유가 되었다.

IN-N-OUT은 매장의 주방부터 다르다. 저자가 IN-N-OUT LA 매장을 방문했을 때 느낀 점은 Fresh Burger였다. 매장에서 패티, 감자 칩을 직접 만든다. 오픈된 주방에서 종업원들이 패티를 굽고, 감자 칩을 자르고 튀기는 광경들이 그대로 고객들에게 전해져 신선한 햄버거라는 인식이 리얼하게 전달되어 식욕을 돋우고 있었다.

IN-N-OUT Burger의 성공은 표적시장에 대한 차별화 전략이었다. 기존 맥도날드, KFC의 경우 햄버거 패티와 감자 칩 등 식자재가 정해진 공급처에서 냉동상태로 공급된다. 오랜 기간 동안 햄버거를 즐겨온 고객들에게 보다 신선하고 좋은 품질의 햄버거와 감자 칩을 원하는 니즈가 만들어져 왔고, IN-N-OUT은 고객들의 이러한 니즈를 정확하게 파악하여 표적시장으로 선정하여 차별화에 나선 것이다.

차별화 전략

표적시장에서 차별화 전략은 시장세분화 분석으로 세분시장 집단을 분류하여 고객특성과 선택상황 그리고 핵심편익에 따라 차별적인 마케팅 전략을 수행하여야 한다. 차별화 전략에 앞서 수행되어야 할 마케팅 전략은 Target Market Strategy이다. 목표시장 전략은 외식시장의 Segmentation 과정을 실행한 후 목표시장을 선정하고 한정된 자원을 투입하여 외식기업을 성공으로 이끌기 위하여 목표시장 전략을 수행하는 과정을 의미한다. 외식시장 진입에 앞서 표적시장 전략수립 없는 시장참여는 한정된 자원을 분산시켜 엉뚱하게 자원을 낭비하는 결과를 초래하여 외식시장 진입단계에서부터 어려움을 겪게 될 수 있다.

목표고객 선정에 있어 외식기업의 한정된 자원 즉, 인적자원, 물적 자원, 금융자원 등 한계자원을 극복할 수 있는 타깃 고객시장을 선정하여야 한다. 또한 외식기업이 제공하는 메뉴, 가격 등을 타깃 고객시장에서 수용 가능한지 충분한 시장조사를 해야 한다. 여기에는 향후 잠재적 시장까지 고려되어야 한다. 다음으로는 외식기업에 진출하고자 하는 목표시장에의 경쟁외식기업의 진출 여부다. 목표시장이 중복되거나 신규로 진출한다면 타깃시장 선정에 중요한 변수로 작용할 수 있으므로 대책을 마련해야 한다. 마지막으로 기존 메뉴와 연관성 있지만 고객들의 불만을 해소할 수 있는 차별화 전략이 가능한지 여부다.

IN-N-OUT은 기존의 햄버거 시장에서 고객들의 불만요소들을 파악하고 새로운 잠재고객들의 Needs를 찾아 차별화 전략으로 성공한 외식기업이다. 외식마케팅에서 차별화 전략은 규모의 경제실현이 가능하므로 지배적 시장을 선점하여 높은 수익을 낼 수 있으나 복수의 시장에서 동시에 고객들을 상대로 영업전략을 구사하여야 할 때 발생되는 고비용을 회피하기 위한 수단으로 차별화 전략을 수행한다.

차별화 전략 수행과정

타깃시장의 성격	수행방법	수행결과
• 세분시장 명확히 구분 • 세분시장의 교차탄력성이 약해야 • 차별화 수행에 긍정적 시너지 효과 • 시장과 수익성이 담보	• 타깃시장에 따른 자원배분 산정 • 마케팅 수행기간에 따른 예상수익 산정 • 초기 수행기간 동안 초과비용에 대한 전략	• 차별화 전략 수행 결과 시장선점 효과로 높은 수익과 고객 증대 가능

아주 심플한 메뉴판. 1번, 2번, 3번 세트메뉴 (Odering as easy as)

저자가 방문한 IN-N-OUT 미국 LA

IN-N-OUT은 햄버거 매장은 고객들에게 신선한 품질의 햄버거를 먹을 수 있다는 포지셔닝이 잘 전달되어 있고, 매장 내 주문과정이 아주 심플한 패스트푸드 레스토랑이다. 고객의 주문은 1번, 2번, 3번 세트메뉴로 아주 간결하게 주문할 수 있다.

주방에서 조리하는 종업원들 (저자가 직접 찍음)

LA점에서 저자가 직접 주문한 햄버거(아주 심플하지만 신선도는 최고였다)

이러한 간결한 주문은 주방에서 종업원들의 준비시간을 단축시켜 보다 빠르고 효율적으로 고객서비스를 가능하게 한다. 하지만 식자재의 품질은 최고다. 모든 햄버거 패티와 포테이토 프라이드는 현장에서 바로바로 만들어진다. 성공의 핵심요인이자 차별화 전략의 핵심 수행과정이다. 기존 패스트푸드점들은 햄버거의 핵심인 패티와 감자 칩을 외주 식품공장에서 대량으로 제조하여 냉동보관으로 각 가맹 대리점에 공급하여 사용한다. 하지만 IN-N-OUT은 이러한 식자재 공급에 따른 햄버거의 신선도와 맛의 문제점을 파악하고 잠재적 고객 불평을 해소하기 위하여 각 가맹점 주방에서 직접 패티와 감자 칩을 만들어 신선도를 유지하는 전략을 구사하여 성공하였다. 세트메뉴의 소비자 선택권도 단순화하여 조리과정과 연결되어 보다 빠르게 고객서비스를 제공하도록 하였다. 결과적으로 소비자들의 폭발적인 인기를 얻어 미국 서부에서 IN-N-OUT 햄버거는 큰 성공을 거두었다.

주문하는 고객들(주방 내부가 훤히 보이도록 설계함으로써 고객신뢰도 향상)

[2015 300TH RESTAURANT OPENS]

On January 7th, In-N-Out celebrates the addition of its 300th restaurant and its second location in Anaheim, California. Our family of restaurants serves quality burgers, fries, and shakes across five states: CA, NV, AZ, UT, and TX.

2015년 300번째 매장 오픈 세리머니!!!

창업 이후 67년 만의 300번째 매장 오픈은 우리는 상상할 수 없는 느림의 경영학이다. 한편으로는 오랜 시간 동안 고객들로부터 신뢰받는 비결이기도 하다.

https://www.in-n-out.com/history.aspx

SHAKE SHACK

Shake Shack Burger는 맨해튼 Madison Square Park에서 상징이 된 햄버거다. 원래는 공원을 복구하는 비용을 마련하기 위하여 시작된 임시 이벤트가 그 시작이었다. 시작은 핫도그를 팔던 수레에서 탄생한 세계적인 햄버거 브랜드다. 매장으로서 첫 오픈은 2004년이다. 최근의 Shake Shack Burger 매장은 신선한 식자재를 차별화 전략으로 내세워 성공하고 있는 패스트푸드 외식기업이다. 매장 주방 현장에서 Fresh 상태에서 구워진 두툼한 패티에 신선한 야채 그리고 포테이토 칩. 뉴욕 맨해튼을 방문한다면 꼭 먹어봐야 할 햄버거로 명성이 나 있다. Shake Shack Burger는 차별화 과정이 IN-N-OUT Burger와 비슷하다. 하지만 메뉴에서는 상이한 부분이 많다.

저자는 Shake Shack Burger가 한국에 상륙하기 전인 2016년 10월에 일본 Shake Shack Burger 시부야점을 찾았다. 길게 늘어진 고객들의 줄을 보며 일본에서도 꽤나 인기 있는 햄버거라는 사실을 바로 알 수 있었다. 매장 안은 발 디딜 틈조차 없을 정도로 많은 손님들로 가득 찼다.

저자가 시부야점을 방문하여 찍은 사진

Shake Shack Burger 동경 시부야점에서 저자가 주문한 세트메뉴

주방 내부는 오픈되어 있어 고객들이 내부를 볼 수 있도록 설계되어 있었다. 햄버거 맛은 햄버거 패티가 결정한다. Shake Shack 버기 매징에서는 신선한 햄버거 패티를 종업원들이 직접 굽는 모습을 모든 고객들이 주문하는 과정에서 볼 수 있도록 설계 전시하여 충성도 높은 고객들을 유지하고 있었다.

이렇게 신선하고 두툼한 햄버거 패티들이 주방에서 바로바로 구워져 나온다. 육식주의 햄버거만 있는 것은 아니다. 채식주의자들을 위한 버섯버거는 다양한 고객들의 욕구를 채우기에 충분했다. 특히 치즈프라이드 칩은 기존 햄버거 매장에서 맛볼 수 없는 차별적 요소였다.

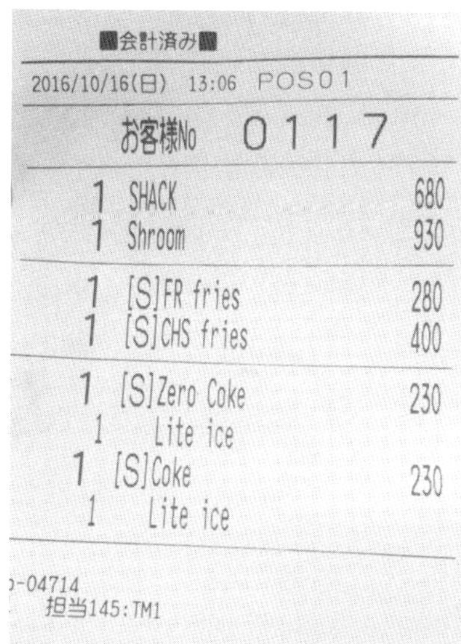
会計済み
2016/10/16(日) 13:06 POS01
お客様No 0117

1	SHACK	680
1	Shroom	930
1	[S]FR fries	280
1	[S]CHS fries	400
1	[S]Zero Coke	230
1	Lite ice	
1	[S]Coke	230
1	Lite ice	

-04714
担当145:TM1

저자가 주문한 가격표

Shake Shack Burger 매장 신개념 메뉴 Milk Shake
https://www.shakeshack.com

미국 동부와 서부의 신생 햄버거 브랜드 강자들인 Shake Shack Burger와 IN-N-OUT Burger는 메뉴에서 서로 다른 서비스를 제공하고 있다. Shake는 Milk Shake를 의미한다. 기존 패스트푸드 햄버거 음료는 반드시 콜라 등의 청량음료였다. 하지만 Shake Shack Burger는 밀크셰이크가 주류 음료다. 여기에 포테이토 칩을 찍어 먹기도 한다. 이 햄버거 회사의 메뉴 서비스전략의 핵심이다. 이외에도 다양한 햄버거 메뉴와 셰이크들이 있다.

항생제, 호르몬으로부터 자유로운 햄버거 패티부터 채식주의자들을 위한 Mushroom Burger까지 다양한 고객층을 위한 메뉴를 준비하고 있다. Flat-Top-Dogs는 Shake Shack을 탄생하게 만든 핫도그로 꼭 먹어봐야 할 맛을 가졌다. 이외에도 Shake Shack만이 가지고 있는 신메뉴인 셰이크 종류도 바닐라, 초콜릿, 캐러멜, 버터, 커피, 딸기 등 다양한 종류를 제공한다. 무엇보다 햄버거와 콜라는 관념화된 세트메뉴였다. 이러한 관념을 깬 Shake Shack만의 Drinks음료로 레모네이드, 유기농 홍차, 아이스티와 심지어 주류로 수제맥주와 와인까지 매장에서 서빙하고 있다. 더해서 강아지를 위한 메뉴까지, Woof~~~~

IN-N-OUT과 SHAKE SHACK은 신선한 식자재를 매장에서 직접 조리한다는 차별화 전략은 같지만 각자의 경영방식으로 꾸준하게 충성도 고객들로부터 신뢰를 얻어가고 있는 외식기업들이다.

SHAKE SHACK
EST. 2004 in NYC
EBISU
Stand For Something Good™

Burgers

100% all-natural Angus beef. No hormones. Our proprietary Shack blend is freshly ground. All burgers are cooked medium unless otherwise requested.

ShackBurger®
Cheeseburger with lettuce, tomato and ShackSauce
¥680 Single
¥980 Double

SmokeShack™
Cheeseburger with all-natural applewood smoked bacon, chopped cherry pepper and ShackSauce
¥880 Single
¥1,180 Double

¥930 **'Shroom Burger (vegetarian)**
Crisp-fried portobello mushroom filled with melted cheese, topped with lettuce, tomato and ShackSauce

¥1,230 **Shack Stack™**
Cheeseburger and a 'Shroom Burger topped with lettuce, tomato and ShackSauce

Hamburger
¥580 Single
¥880 Double
Add bacon +¥200

Flat-Top Dogs

100% all-natural beef.
Split and griddled crisp.

Shack-cago Dog™
Dragged through the garden with Rick's Picks Shack relish, onion, cucumber, pickle, tomato, sport pepper, celery salt and mustard.
¥580 Beef
¥580 Pork

¥480 **Hot Dog**
100% all-natural beef
Add Shack cheese sauce +¥100

¥480 **Pork Sausage**
Garlic herb pork sausage

Crinkle Cut Fries

Yukon potatoes. No artificial ingredients.

Fries
¥280 Small
¥420 Regular

Cheese Fries
Topped with our special blend of cheddar and American cheese sauce
¥400 Small
¥600 Regular

Frozen Custard

Dense, rich, creamy ice cream, spun fresh all day. Our custard base is made from all-natural sugar, never from corn syrup.

Shakes
Hand-spun vanilla, chocolate, caramel, black & white, strawberry, black sesame, coffee Fair Shake
¥480 Small
¥650 Regular

Shake of the Week
Featured custard flavor
¥530 Small
¥700 Regular

Floats
¥650 Root beer
¥580 Purple cow
¥580 Creamsicle

Cups & Cones
Vanilla, chocolate or flavor of the week
¥380 Single Dip
¥530 Double Dip

Concretes
Frozen custard ice cream blended with mix-ins
¥480 Small
¥650 Regular

Chocolate Peanut Butter Crunchcrete
Chocolate custard, peanut butter sauce, Valrhona chocolate chunks and chocolate toffee

The Third Man's Mix
Chocolate and vanilla custard, marshmallow sauce, milk chocolate popcorn brownie from our friends at Dominique Ansel Bakery and chocolate sprinkles

E-bean-su
Vanilla custard, red bean caramel sauce, marshmallow sauce and salted shortbread cookie, dusted with soy bean powder
5% of sales from our E-bean-su concrete support green bird to keep our community clean. Learn more at greenbird.jp

Design Your Own Concrete
¥380 Small
¥580 Regular

Mix-Ins
+¥80 each
- Peanut butter sauce
- Valrhona chocolate chunks
- Chocolate toffee
- Red bean caramel sauce
- Sea salt shortbread
- Marshmallow
- Dominique Ansel Bakery milk chocolate popcorn brownie
- Chocolate sprinkles
- Fudge sauce
- Caramel sauce
- Black sesame purée

Drinks

Shack-made Lemonade
Original or featured flavor
¥250 Small
¥380 Regular

Fresh Brewed Iced Tea
¥230 Small
¥350 Regular

Fifty/Fifty
Half lemonade, half iced tea
¥250 Small
¥380 Regular

Cold Beverage
Coke, Coke Zero, Sprite, Fanta Orange, Fanta Grape, Dr.Pepper
¥230 Small
¥330 Regular

¥400 **Bottled Root Beer**
Abita Brewing Co., Louisiana

¥400 **Organic Apple Juice**

¥300 **Milk**

¥250 **Bottled Water**
Still or sparkling

Beer

ShackMeister™Ale
Brewed exclusively for Shake Shack by Brooklyn Brewery
¥830 Draft, 18oz.
¥2,800 Draft, Pitcher

Draft Beer
¥760 Yebisu, 18oz.
¥2,600 Yebisu, Pitcher

Bottled Beer
¥900 Brooklyn Lager
¥900 Brooklyn IPA
¥900 Tokyo Blues

Wine

Shack Red™ or Shack White™
Made exclusively for Shake Shack by Frog's Leap, Napa Valley, CA
¥1,250 6oz. Glass
¥5,000 750ml. Bottle

For Dogs

Treats for those with four feet.
Biscuits made with flour full of vitamins and mineral, without any sugar, or artificial colorings.

¥1,000 **Bag O' Bones**
5 ShackBurger dog biscuits

1-6-1 Ebisu-Minami, Shibuya-ku, Tokyo 150-0022 JAPAN
shakeshack.jp | facebook.com/ShakeShackJapan | @ShakeShackJPN | #ShakeShackJPN
Tax not included

IN-N-OUT Burger보다 복잡하고 다양한 Shake Shack Burger의 메뉴
(저자 일본 현지 방문에서)

세계의 식기행

미국의 레스토랑

강한 나라에 빈약한 메뉴

미국의 레스토랑

강한 나라에 빈약한 메뉴

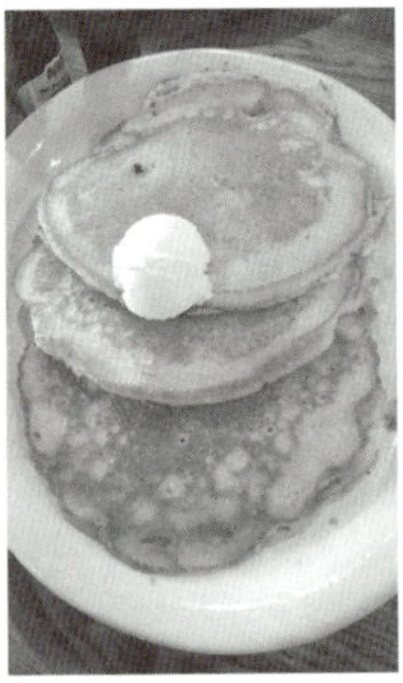

미국의 음식문화는 전통적으로 내려오는 조리법이 없다. 이민자들의 나라인 미국은 초기 청교도인들의 개척시대에는 투박하면서도 단순한 영국 식문화가 주류였다. 이후 유럽의 다양한 민족들이 이민대열에 합류하면서 미국 식문화의 스펙트럼이 넓어졌지만 오늘날까지 미국의 식문화의 기본토대는 베이컨과 계란 프라이, 토스트 그리고 팬케이크 등으로 볼 때 영국의 식문화로 볼 수밖에 없다. 대구 생선살을 튀김가루에 튀긴 영국 대표 요리인 Fish & Chips 또한 미국 패밀리레스토랑의 단골메뉴로 정착한 지 오래다.

오늘날의 미국은 거대한 대지와 넓은 바다에서 생산되는 다양한 식재료의 천국이다. 미국 서부의 주요 해산물 요리가 연어라면, 동북부의 해산물 주요 요리는 게와 랍스터다. 소고기의 소비가 가장 많은 나라인 미국은 소고기의 수출과 수입을 동시에 하는 나라다. 대부분의 수입고기는 햄버거 패티용 등 가공용으로 남미, 호주 등으로부터 수입하고 있다.

전 세계적으로 널리 퍼져 있는 맥도날드와 코카콜라가 미국 음식문화의 상징적 존재감으로 등장한다. 현대 미국의 음식문화는 전 세계로부터 이주한 이민자들의 나라답게 다양한 나라의 음식문화들이 섞여 있다. 근대 미국의 식문화는 소를 빼고 설명할 수 없다. 축산업의 발달과 밀 재배기술의 발달로 빵, 우유, 버터 그리고 육류로 만들어진 메뉴가 주류를 이루어 오늘날에 이르렀다. 인구 3억 명이 연간 일인당 육류소비량 125kg로 세계 최고의 육류 소비문화를 가진 나라인 미국은 아침에 우유, 점심에 햄버거, 저녁에 스테이크를 기본으로 소비하는 나라다. 전체 인구 중 남자 32%, 여자 38%가 비만체중으로 비만관련 의료비 지출비중이 50%나 된다.

최근 미국의 식문화는 많은 변화를 하고 있다. Local Food로 학교급식을 하고, 탄산음료 자판기를 학교에서 퇴출시키고, 건강에 더욱 좋은 신선한 야채 소비가 증가하고 한식을 비롯한 해외의 건강한 음식문화를 받아들여 적극적으로 소비하고 있다.

음식 서비스문화 중 Tip문화가 가장 잘 발달된 나라 또한 미국이다. 셀프서비스 외 거의 모든 외식업체에서 팁 문화는 정말 독특하다. 외식 레스토랑에서 팁 주는 일을 소홀히 하거나 잊었다면 미국에서 수준 낮은 사람으로 취급받을 수 있다. 미국 외식문화에서 팁은 좋은 서비스를 정착시켜 외식문화를 한층 품격 있게 만드는 문화라는 인식이 자리 잡고 있다.

Brunch 문화

미국 LA 브런치 레스토랑에서

미국 식문화에서 가장 여유 있는 그래서 가지고 싶은 식문화는 바로 브런치 문화이다. Breakfast + Lunch의 합성어로 주말에 느긋하고 한가롭고 편안하게 부부 또는 가족 그리고 친구들이 즐길 수 있는 식문화다. 미국 브런치 메뉴는 팬케이크, 와플, 모닝빵, 계란요리, 소시지, 베이컨, 우유, 샐러드 그리고 커피와 주스 등이 대부분이다.

미국 LA Sunset Blad 유명 브런치 레스토랑을 방문한 저자

미국 LA Sunset Blad에 위치한 유명 레스토랑에서 정통 미국식 Brunch를 즐기고 있는 저자

미국인들이 아침을 해결하는 정통 Bagels 레스토랑

Breakfast 문화

초기 미국의 아침요리는 옥수수와 매우 관련이 깊다. Conemeal, Corn Pone, Johnnycake, Ashcake 등이 미국의 정통 아침식사 메뉴다. 영국 요리와 아메리카 원주민들의 요리에 영향을 받은 흔적이다. 베이컨, 계란요리, 토스트, 팬케이크 등은 미국의 가정식 아침요리를 대표한다. 이후 산업의 발달로 일상이 바빠진 미국인들은 시리얼과 우유로 아침식사를 오랜 기간 동안 이용하였다. 하지만 최근 미국의 아침식사는 아침을 거르거나 커피 한 잔에 머핀, 베이글, 간단한 계란요리, 오트밀 그리고 우유 한 잔으로 대부분 해결한다. 오늘날 미국인들에게 아침식사의 비중은 그렇게 크지가 않다.

미국 LA 정통 베이글 레스토랑을 방문한 저자

Lunch 문화

미국의 점심을 대표하는 메뉴는 패스트푸드, 햄버거다. 최근에는 다양한 나라의 음식메뉴를 파는 패스트푸드점에서의 점심식사가 늘어나고 있다. 여기서는 저자가 직접 맛본 멕시칸 패스트푸드 음식을 소개하고자 한다. 미국에서 히스패닉계가 차지하는 인구비율은 20%에 육박하고 있다. 미국 내에서 히스패닉 인구비중이 상당하기 때문에 음식문화뿐만 아니라 다양한 분야에서 히스패닉의 영향력이 점점 증가하고 있다.

멕시코의 음식문화는 신화에도 자주 등장하는 옥수수를 기본으로 하는 마야, 아즈텍 문명으로부터 자리 잡은 오랜 고유의 전통과 스페인의 식민지배를 받아오면서 유럽문화가 함께 섞여 멕시코만의 독특한 음식문화를 가지고 있다. 대표적으로 모든 메뉴의 기본인 옥수수로 만든 또띠야와 몰레요리가 있다. 멕시코 음식 하면 대부분이 맵고 짜다는 인식을 가진다. 대표적인 전통 술은 선인장을 주원료로 유럽의 기술로 만들어진 테킬라(tequila)이다.

저자가 찾은 Take-Out 전문 멕시코 요리점

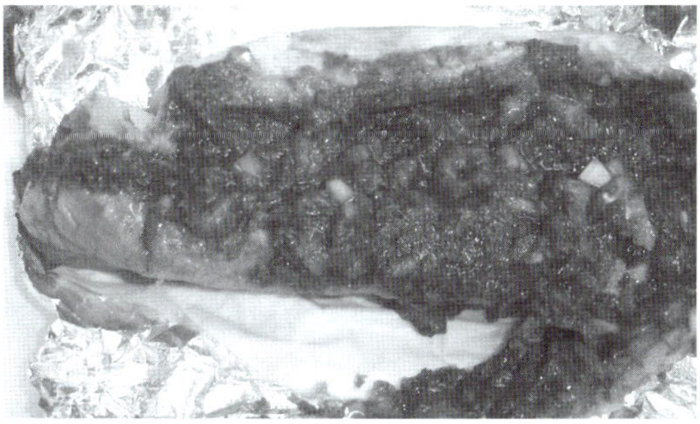

저자가 맛본 몰레요리

미국의 Dinner Table
미국인 비즈니스 파트너 형제와 함께

멕시코인들의 사랑을 받는 대표적인 요리가 바로 몰레요리다. 매운 칠리고추를 비롯해서 참깨, 후추, 건포도, 계피, 마늘, 양파, 토마토, 바나나, 아몬드, 초콜릿 등 다양한 식재료를 갈아서 익힌 후 닭고기, 빵 등에 소스로 얹어 먹는다. 마치 우리나라 쌈장처럼 말이다.

Dinner 문화

미국 저녁식사의 비중은 하루의 절반이다. 식사마저 효율성을 앞세우는 미국인들의 Life-Style은 아침에 바쁜 출근시간으로 커피와 우유 그리고 간단한 빵, 샌드위치, 시리얼 정도다. 점심시간마저 업무에 쫓겨 햄버거, 핫도그, 피자 등으로 때운다. 하지만 미국의 저녁식사는 다르다. 아주 푸짐하다. 스테이크는 기본적인 저녁식사 메뉴다. 각종 샐러드, 오픈에 잘 구운 빵 그리고 연어, 랍스터를 비롯한 고급 해산물 요리까지 다양한 코스요리를 즐긴다.

Fine Dinning Restaurant은 저녁식사를 대표하는 레스토랑이다. 고급 스테이크와 해산물 요리가 등장한다. 팁으로 줘야 하는 금액만도 근사한 점심식사를 할 수 있을 정도로 높은 가격이다.

미국의 Dinning Dinner Restaurant에서

세계외식기행

작지만 강한 레스토랑들

Niche Market

작지만 강한 레스토랑들

Niche Market

도쿄의 규카츠, 삿포로의 양고기식당과 부타동, 미치노에키의 돈꼬치구이

최근 한국에서 작은 식당이 트렌드 중 일부로 자리 잡고 있다. 테이블 10개 이내의 작은 레스토랑에서 최소한의 투자비로 아주 독특하고 차별적인 메뉴로 외식고객들에게 독특한 이미지로 포지셔닝되어 마니아층을 공략하고 있다.

저자가 찾은 일본 도쿄 뒷골목의 한적한 거리에 줄을 서서 기다리는 규카츠 레스토랑과 북해도의 도심에서 벗어난 양고기구이 레스토랑, 미치노에키 농산물 판매장 한 편에서 작은 노점상 점포로 인기를 끌고 있는 삼겹살 꼬치구이 그리고 삿포로역 작은 식당의 덮밥은 참으로 인상 깊고 아주 맛있는 일품요리들이었다. 언젠가 다시 찾고 싶은 작은 외식공간들이었다.

작은 레스토랑들이지만 고객들의 뇌리에 어떻게 포지셔닝 맵으로 인식되어 있는지가 더 중요한 강한 이미지의 레스토랑들에 대하여 알아보기 위하여 저자는 직접 일본 현지를 찾았다.

외식마케팅 포지셔닝

외식마케팅에서 포지셔닝전략의 과정은 시장세분화를 통하여 표적시장을 선정하고 타깃 고객들의 요구를 근거로 경쟁업체와 차별적인 메뉴를 개발해야 한다. 차별적인 메뉴라 함은 메뉴의 맛과 서비스 등 특성들이 경쟁업체의 메뉴와 확실하게 구분되어 경쟁우위에 있다는 인식을 외식고객들에게 확고하게 심어줄 수 있을 때 충성도 고객들이 만들어지고 작은 레스토랑이 성공할 수 있는 토대가 된다.

대부분의 일반 자동차 마니아들은 벤츠 또는 BMW를 연상하면 좋은 차, 갖고 싶은 차로 바로 연상하게 된다. 외식마케팅에서 포지셔닝 또한 운영하는 레스토랑의 메뉴가 고객들에게 어떻게 인식되는지가 제일 중요하다. 경쟁 외식업체 대비하여 다시 찾고 싶은 식당, 다시 먹고 싶은 요리로 비교우위에 있을 때만이 성공하는 외식기업으로 남을 것이기 때문이다. 더 넓게는 인지도가 높아야 충성도 높은 고객층이 많아진다는 의미다. 외식의 특성상 재구매율이 그 어떤 상품들보다 높기 때문에 인지도의 상승은 외식기업에서 중요한 과제 중 하나이다.

외식메뉴 포지셔닝의 유형

유 형	포지셔닝 방법
메뉴의 속성으로 인식	• 메뉴의 독특한 속성 또는 가치를 차별화하여 포지셔닝 • 편익적 속성으로 인식: 감각적 편익, 상징적 편익, 기능적 편익
선택상황에 따른 인식	• 외식고객들의 메뉴 선택상황별 인식에 따라 포지셔닝: HMR, 편의성, 소득별 등
경쟁사 비교우위에 따른 인식	• 경쟁외식기업의 메뉴 대비 비교우위성 강조
타깃 고객들에게 집중적으로 인식	• 충성도 높은 타깃 고객들에게 집중

외식기업은 자사의 메뉴, 브랜드에 대한 포지셔닝전략을 유형별로 소구하는 방법을 찾아야 한다. 시장세분화 과정을 통해 목표시장을 소구하는 방법론적으로 접근해 보면, 전통과 역사를 가지고 외식고객들에게 접근하는 소구 활동이 있다. 일종의 원조 경쟁이 바로 이러한 방법이다. 하지만 전통적인 외식기업의 역사가 100년간 이어져 온 레스토랑은 그 자체가 이미 잘 포지셔닝되어 있어서 미래에도 지속적으로 충성도 높은 외식고객들이 즐겨 찾는 레스토랑이 될 것이다. 두 번째는 어떤 특정 메뉴에서 최고로 맛있는 식당으로 포지셔닝해야 한다. 우리는 메뉴를 선택한 이후 가장 맛있기로 소문난 식당을 찾는다. 일종의 일등효과다. 세 번째는 새로운 트렌드의 맛으로 선점효과로 포지셔닝하는 방법이다. 새로운 메뉴개발이거나 신도시 지역에 먼저 자리 잡는 경우가 이에 해당한다. 네 번째는 유명인을 광고 모델로 내세우는 포지셔닝전략이다. 하지만 메뉴의 품질과 서비스의 질적 우위에 있을 때 지속적으로 효과가 있는 전략이다. 다섯째는 식재료의 속성을 가지고 포지셔닝하는 전략이 있다. 특정 지역에서 생산되는 식자재의 우수성으로 외식고객들에게 소구하는 방법을 말한다. 예를 들면, 흑산도 홍어, 포항 과메기, 지리산 흑돼지, 제주산 갈치 등 일반고객들 누구나 알 수 있는 원산지의 식자재로 소구하여 성공하고 있는 외식기업들도 많다.

도쿄 규카츠 레스토랑에서

외식마케팅 포지셔닝 과정

외식마케팅에서 포지셔닝은 메뉴에 대한 포지셔닝보다 간판, 즉 브랜드에 대한 전략과 관련이 많다. 외식마케팅에서 포지셔닝은 긴 호흡으로 고객들에게 접근해야 할 필요가 있다. 포지셔닝 과정을 살펴보면, 첫째 고객의 욕구 파악이다. 진출하고자 하는 지역에서 인구통계학적 세분화 분석을 통하여 해당 지역의 외식고객들의 욕구를 파악하여야 한다. 둘째는 포지셔닝 맵을 통하여 자사의 메뉴가 해당 지역 고객들에게 잘 인지될 수 있는지를 파악해야 한다. 이러한 과정을 위해서는 우선 경쟁 메뉴와 대체 메뉴에 대해 분석함으로써 새로운 시장기회를 포착하여야 한다. 자사의 브랜드 또는 메뉴의 인지도는 미래 경쟁력을 나타내는 지표가 되기 때문에 잘 관리되어야 한다. 마지막으로 잘못된 영업전략으로 자사의 메뉴 또는 브랜드에 대한 고객 인식수준이 나쁘거나 아주 낮을 때는 재포시셔닝 과정을 거쳐야 한다. 하지만 재포지셔닝 과정은 처음의 포지셔닝 과정보다 힘든 과정으로 비용과 시간이 많이 드는 단점이 있다. 따라서 큰 기업의 제품에 대한 재포지셔닝의 경우가 아니라면 작은 레스토랑의 경우 재포지셔닝 과정보다 뉴 메뉴와 브랜드 전략으로 다시 시작하는 방법이 훨씬 유리할 수 있다.

저자가 찾은 일본 도쿄의 한적한 골목에는 작지만 강한 레스토랑이 있다. 바로 "규카츠"다. 오랜 전통이 있는 돈가스 메뉴를 기반으로 전혀 새로운 식재료를 가지고 요리법을 공유하여 만들어진 소고기 튀김이다. 기존의 돈가스를 새로운 위치로 변경하여 외식문화에 규카츠라는 새롭게 포지셔닝된 메뉴를 만들어냈다. 새로운 시장진입의 기회를 잘 포착하였고 아주 성공적인 성과를 내고 있었다.

도쿄의 작은 레스토랑 '규카츠'에서

저자가 찾은 규카츠 레스토랑은 찾기조차 힘든 허름한 뒷골목에 위치하였지만 많은 고객들이 긴 줄을 서서 기다리고 있었다. 타깃 고객들은 독특하고 맛있는 새로운 음식문화를 즐기는 젊은 식도락가들이다. 먼 나라에서 여행객들이 일부러 찾아오는 그런 작은 레스토랑이 바로 규카츠의 잘 포지셔닝된 강점을 보여주고 있었다.

〈규카츠〉의 포지셔닝 전략은 좋은 상권보다 쇠고기 가츠라는 뉴 포지셔닝과 뒷골목의 아주 작은 공간에서 요리사와 고객이 대화하면서 요리하는 고객 친밀도가 아주 높았다. 맛있고 신뢰감 있는 식재료로 만든 요리를 먹는 특이한 경험을 가질 수 있

는 레스토랑으로 포지셔닝되어 성공한 작은 레스토랑이었다. 새로운 음식 문화에 대한 도전을 즐기는 충성도 높은 젊은 고객들과 외국 관광객들에게까지 인기 있는 외식공간으로 자리매김하고 있었다.

양고기 전문점 사장님들과 함께 찍은 사진

작지만 강한 양고기 식당 내부

저자가 주문한 양고기와 테이블 세팅, 아주 심플하지만 맛은 최고였다.

저자가 방문한 삿포로의 양고기 전문점은 포지셔닝 전략으로 오로지 양고기의 높은 품질로 승부하는, 작지만 강한 레스토랑을 소개하고자 한다. 포지셔닝 전략은 시장을 세분화하고, 세분화된 고객그룹군 중에서 자사의 레스토랑이 추구하는 목표에 부합하는 고객을 선택하는 방법으로 타깃 고객을 선정하는 마케팅 전략이다. 고객은 경영자가 막연히 선택한다고 나의 고객이 되는 것은 아니다. 경영자는 충성도 높은 고객을 만들기 위해 타깃 고객을 명확하게 해야 하고 포지셔닝 맵을 만들어야 한다. 충성도 높은 고객을 창출할 수 있는 포지셔닝 맵을 갖는다면 경쟁자의 위치를 고려할 필요는 없다.

저자가 방문했던 삿포로의 작은 양고기 식당에서 맛보았던 두툼한 양고기 구이의 맛을 잊을 수가 없다. 지금까지 경험했던 양고기 중 최고의 맛이었기 때문이다. Lam Rack 스테이크를 발라진 뼈 조각을 잡고 뜯는 맛이 지금까지 최고의 일품 맛이었다면, 아서라, 이제는 삿포로의 작은 식당 양고기 바비큐가 최고의 양고기 맛으로 나의 뇌리에 포지셔닝 되어 있다.

미치노에키의 삼겹살 꼬치구이

삼겹살을 대나무 꼬챙이에 끼워 숯불에 구워낸 삼겹살 꼬치구이! 그 맛과 향은 감동 그 자체였다. 다소 비싸기는 했지만 구이의 맛과 풍미가 충분히 보상해 주었다. 일본 특유의 양념을 입혀서 잘 구워진 삼겹살 꼬치구이는 왜 고객들의 혀끝을 속이지 말아야 하는지를 여실히 보여준 작지만 강한 메뉴였다.

삿포로역의 작은 부타동 식당

간장양념에 잘 배어든 돼지고기는 숯불의 향과 어우러져 전통 일본의 맛을 잘 우려내고 있었다. 진정 패스트푸드 메뉴개발로 손색이 없는 그런 맛이었다. 잘 양념된 두툼한 앞다리 살을 숯불에 살짝 구워 그냥 맨밥 위에 올려주는 조리법이 전부다. 하지만 그 맛은 그 어디에서도 찾을 수 없는 작지만 강한 식당이었다.

저자가 주문한 부타동.
아주 단출하면서도 맛은 일품이었다.

세계외식기행

COMMUNE 246

How to do it?

COMMUNE 246

How to do it?

골목길 상권을 활용한 청춘들의 외식문화공간
: COMMUNE 2nd
3 Chome-13 Minamiaoyama, Minato-Ku, Tokyo

일본 아오야마(青山) 중심거리에서

도심 지하철역 번화가 뒷골목 외진 곳에 이색적인 공간이 있다. COMMUNE 246이 바로 그곳이다. 하루 유동인구 수십만 명이 몇 개 라인의 지하철역을 이용하지만 한적한 뒷골목은 그래도 인적이 뜸하다. 바로 이러한 장소를 이색 외식체험공간으로 만들어 젊은 거리로 자리매김되고 있다. 골목길에 이색적이고 창의적인 메뉴와 볼거리 그리고 휴식장소가 있는 과거에는 아무도 찾지 않았던 상권을 잘 활용하여 만들어낸 아주 도전적인 체험공간이 COMMUNE 246이다.

외식기업의 상권 분석

상권은 인구통계학적 분석을 기반으로 표적시장에 적합한 메뉴를 선정하기 위하여 반드시 필요한 분석작업이다. 일반적으로 외식 고객들이 내방할 수 있는 지리적 범위로 1차 상권, 2차 상권, 3차 상권으로 나눌 수 있다. 상권에서 가장 중요한 요인은 외식메뉴와 타깃 고객들이 접점을 찾을 수 있어야 좋은 상권이다. 떡볶이, 김밥 상권에 스테이크 레스토랑이 잘 될 수 없는 이치다. 그러므로 상권은 자사의 메뉴와 상품이 표적고객들에게 잘 전달될 수 있는 입지여야 한다.

외식레스토랑의 입지를 선정할 때 중요하게 고려되어야 할 사항으로는 첫째, 상권은 물리적, 고정적이지 않고 항상 무형적이고 유동적이라는 점을 고려해야 한다. 상주 인구의 통계적 분석과 유동인구 그리고 교통수단의 유형 등에 따라 고객의 내방에 영향을 크게 미친다. 물론 이러한 환경적 영향을 극복할 수 있는 외식기업의 독특한 차별화가 있다면 여기 사례 COMMUNE 246처럼 약간 외진 곳에서도 성공을 충분히 보장받을 수 있다. 둘째, 기존에 잘 형성된 상권에서 자사의 메뉴가 어떻게 질 부각될 수 있는지 고려해야 한다. 따라서 잘 형성된 상권이라면 타사의 경쟁 메뉴를 분석해야 하고 대체 메뉴 존재 여부도 파악해야 한다. 셋째, 향후 성장 가능성이 있는 상권에서 미리 자리 잡는 방법도 있다. 하지만 이 경우 미래 경쟁자들의 진입에 따른 리스크를 감안하여 판단할 필요가 있다. 새롭게 진출하는 외식기업이라면 메뉴와 인테리어 그리고 새로운 서비스를 시도할 가능성 여부도 충분히 있기 때문이다.

최근에는 빅데이터 분석기법으로 보다 효율적인 상권분석이 가능하다. 인구통계학적 분석은 기본이고 고객들의 이동경로와 소비성향 및 업종현황 그리고 매출통계까지 분석이 가능하다. 이러한 상권분석은 지방자치단체의 서비스부터 전문 빅데이터 분석업체까지 일반화되어 있다.

상권분석의 예

상권의 환경	상권의 현황	상권의 특성
상권의 범위	대규모 상권	도심상권, 교통중심상권, 전통문화중심상권
	중형규모 상권	부도심 상권으로 외곽도시와 연결되며 유동인구 3만 내외
	소형규모 상권	생활형 상권
매출추이별	1차 상권	주거민들이 매출의 60~70% 이상을 차지
	2차 상권	주거민들이 매출의 15~25% 차지
	3차 상권	1차, 2차 상권 이외의 고객들이 매출에 적극 가담하는 상권
지역별 상권	교통중심	지하철, 버스, 기차역 등 이동수단 환경이 좋은 상권
	근무중심	대형빌딩 숲이 있는 오피스 중심지역상권
	교육중심	대학가 밀집지역으로 젊은 유동인구가 많은 상권
	주거중심	주택밀집 지역으로 단골고객 위주의 상권
	관광중심	전통문화, 레저시설이 잘 갖춰진 지역
	집객중심	집객시설이 잘 갖춰진 지역. 백화점, 쇼핑몰, 문화거리 등

상권분석에서 한 가지 간과하고 있는 점은 상권은 살아 움직이는 유기체라는 사실이다. 경쟁상권의 부상, 특색 있는 상권의 상실, 개발로 인한 상권변동 등 다양한 요인들로 인하여 활성화되었던 상권이 소멸되거나, 낙후된 상권에 대형자본이 들어와 영세업체들이 밀려나는 현상이 일어나기도 한다. 이처럼 상권은 살아 있는 유기체다. 본 사례인 COMMUNE 246 상권은 번화가 뒷골목에 새로운 수요를 창출하여 만들어진 창의적인 상권이다. 이처럼 상권은 만들어질 수도 사라질 수도 있다. 빅데이터 분석기법은 기존에 사용된 데이터를 바탕으로 상권을 보다 효율적이고 정확하게 다양한 요인들을 분석

할 수 있지만 COMMUNE 246처럼 창의적인 상권을 만들어낼 수는 없다. 상권도 만들어질 수 있다는 사실을 저자는 COMMUNE 246에서 배웠다.

COMMUNE 246 젊은 외식문화거리에 대한 성공요인 분석과 설명 추가

도쿄 오모테산도역에서 도보로 5분 거리 뒷골목에 COMMUNE 246(COMMUNE 2nd)은 잘 만들어진 창의적인 소통공간 역할을 하는 상권이다. 아기자기한 골목길에 강렬하고 개성 강한 카페들과 상점들이 있다. 골목길답게 출입구가 따로 없다. 여기저기 놓인 작은 골목길이 모두 출입구다. 이 곳에 특색 있는 먹거리와 구경거리를 즐기려는 내·외국인들이 즐비하다. 매일 밤마다 재미있는 소규모의 축제와 공연이 열린다. 종업원들의 얼굴에는 환한 미소가 돌고 덩달아 찾는 고객들에게도 친절하다. 활기 넘치는 골목길은 입소문과 언론매체들의 취재로 널리 소문난 유명상권으로 탈바꿈되었다.

이 골목길에는 푸드트럭과 컨테이너 그리고 캠핑장 느낌으로 각자 개성 있는 상점이 즐비하다. Blue Moon Belgian White 맥주는 벨기에 스타일의 캐나다 맥주다. 이처럼 정말이지 다양한 맥주와 수제햄버거, 커리요리, 감자칩 등 다양하고 이색적인 요리를 먹으면서 음악이 흐르는 낭만적인 골목길의 자유로움을 만끽한다. 이 낭만적이고 활기 넘치는 거리는 지역농가들을 위한 Farmer's Market과 연결되어 도쿄 인근 농장에서 생산한 다양한 채소와 농가공식품들이 전시되기도 한다.

COMMUNE 246 젊은이들과 외국관광객들의 외식문화거리에서

점심시간에는 직장인들이, 저녁이면 젊은이들과 외국인 관광객들이 거리를 가득 채운다. COMMUNE 246 외식문화거리에는 그들만의 공동체 운영 규칙이 있다. 거대자본의 유입이나 무개념 장사꾼들의 진입으로 젊은 창업가들이 밀려나는 일이 없도록 스스로 규칙을 준수한다.

이 특색 있고 활기 넘치는 이색적인 상권 옆에는 시애틀의 유명한 블루보틀 커피숍이 자리하고 있었다.

도쿄 오모테산도 블루보틀 커피숍에서

세계의 식기행

Jamon, Wine & Balsamic Vinegar

Slow Slow

Jamon, Wine & Balsamic Vinegar

Slow Slow

하몽은 스페인을 대표하는 음식이다. 스페인 음식을 이야기할 때 반드시 하몽 이베리코를 가장 먼저 이야기한다. 어떤 첨가물도 넣지 않고 오로지 소금만으로 절여서 서늘한 그늘에 6개월에서 1년 정도를 염장발효시킨다. 물론 1년 이상 장기 숙성시킨 하몽도 있다. 값이 비싸다. 최고의 하몽은 스페인과 포르투갈 국경지대의 산악지역인 에스트레마두라(Extremadura), 안달루시아(Andalusia)에서 도토리를 먹이로 방목된 흑돼지의 뒷다리 살로 만든 이베리코 하몽이 최고의 품질로 인정받는다.

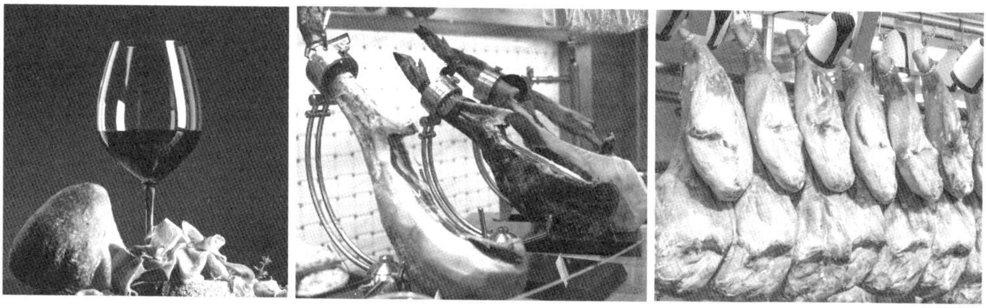

최고의 와인 안주인 하몽 그리고 거치대

하몽의 종류에는 흰 돼지 뒷다리로 만든 하몽 세라노(Jamon Serrano), 흑돼지로 뒷다리 살로 만든 하몽 이베리코(Jamon iberico)가 있다. 또한 어떤 먹이를 먹이느냐에 따라 하몽의 종류를 나누기도 한다. 곡물을 먹인 이베리코 데 데세보(Iberico de decebo), 도토리만을 먹인 이베리코 데 레세보(Iberico de recebo), 그리고 흑돼지 중에서도 까만 발톱을 가진 뒷다리 살로 만든 파타 네그라(pata negra)가 최상급의 하몽으로 인정받는다. 스페인을 미식의 나라로 인정하는 데는 이베리코 하몽이 있다. 도토리를 먹인 흑돼지의 뒷다리 살로 만든 하몽은 이탈리아의 프로슈토와 만드는 방법은 같지만 그 맛은 비교되지 않을 정도로 차이가 난다. 이탈리아 프로슈토는 얇게 썰면 연한 핑크빛이지만 이베리코 하몽은 윤기가 잘잘 흐르는 붉은색이다. 입안에서 살살 녹는 맛이 레드 와인의 안주로 최고다. 우리나라 입맛에는 다소 오랫동안 상온에서 발효되는 과정에서 발생하는 쿰쿰한 냄새로 인하여 거부하는 사람들도 있을 듯하다. 하지만 한번 맛들이면 와인의 안주로 대신할 수 있는 맛이 없을 정도로 잘 어울린다.

하몽 외 돼지 내장에 고기를 다져 넣은 소시지 형태의 초리조(Chorizo)와 흰 돼지고기로 만든 염장 발효고기인 살치촌이 있다. 하몽은 돼지의 뒷다리 통이지만 초리조나 살치촌은 살라미로 통칭된다. 이 세 가지 음식은 스페인을 미식의 나라로 인정하는 데 큰 역할을 하고 있다. 살치촌은 살라미의 일종으로 잘 다져진 살코기와 돼지의 지방을 분리해서 간 후 소금·후추 등과 함께 잘 버무려 간을 한 후 돼지 내장에 넣어 자연 발효시킨다. 전통 발효실은 작은 창문으로 들어오는 바람과 햇빛에 의해 건조과정을 거치면서 자연스럽게 발효된다. 살치촌 살라미는 바르셀로나에서 70km 거리에 있는 VIC라는 작은 도시에서 전통적인 방법으로 만들어진 제품을 식탁의 왕이라 부를 만큼 최고로 인정받고 있다. 초리조(Chorizo) 또한 살치촌과 비슷하게 만들어진다. 소금에 파프리카를 넣어 만든 매운맛(Picante), 맵지 않은 맛(Dulce)이 있다. 건조와 발효과정을 거쳐 살라미로 먹기도 하지만 숙성과정 없이 구워 먹거나 끓여 먹기도 한다.

Balsamic Vinegar는 강한 당도의 포도즙을 나무통에 여러 번 번갈아 가며 숙성시킨 포도주 식초로 향이 좋고 깊은 맛이 있어 최고의 식초로 알려져 있다. 최고의 품질과 명성은 이탈리아 모데나 지역의 전통방식으로 만들어진 'Aceto Balsamico Tradizionale DI Modena' 상표를 사용하는 발사믹 식초다. 다만, 가격을 보고 놀라지는 마시라. 십수 년 동안 인고의 시간 끝에 세상에 나온 값이기 때문이다. 최소 12년 숙성시킨 발사믹 식초는 빨강 라벨, 18년에서 20년 정도 숙성은 은색 라벨을 그리고 25년 이상 숙성시킨 발사믹 식초는 금색 라벨로 세상에 나온다.

보다 대중적이고 합리적인 가격의 발사믹 식초를 찾으려면 Condimento Balsamico를 구입하면 된다. 보통 12년 이하 숙성시키지만 100% 천연재료만으로 숙성시켜야 하는 엄격한 규정을 두고 있다.

발사믹 식초가 만들어진 과정은 아주 복잡하고 오랜 시간 여러 과정을 거쳐야 한다. 오랜 숙성과정을 거칠수록 단맛과 신맛이 잘 조화를 이루어 깊고 진한 맛을 내기 때문이다. 이탈리아에서 주로 White Wine을 만드는

발사믹 식초와 올리브유

Trebbiano 포도품종으로 최고의 발사믹 식초를 만든다. 포도를 수확한 후 포도즙을 끓여서 와인 숙성시키듯이 나무통에 넣고 숙성시킨다. 이때 중요한 것은 각기 다른 재질의 나무통을 준비해야 한다는 것이다. 보통 와인을 숙성시키는 오크통, 밤나무통, 체리나무통, 오디나무통 등 여러 종류의 나무통으로 매년 옮기면서 숙성시켜야 나무의 향과 잘 조화를 이루어 식초의 단맛에 향이 배어난다.

발사믹 식초는 올리브오일과 함께 다양한 빵을 먹을 때 소스로 최고다. 각종 샐러드 소스 그리고 잘 구워진 해산물이나 피자 한 조각에 발사믹 식초 한 방울이면 더할 나위 없이 맛을 낸다. 10년 이상 숙성시켜 세상에 나온 식재료의 맛을 느껴보시라.

오래된 성곽 속을 최고의 레스토랑으로 만든 지혜 스페인 톨레도

포르투갈이 원조인 에그타르트. 리스본 호시우 광장의 에그타르트는 꿀맛이었다.

리스본에서

세계외식기행

How to Cook Lamb

같은 재료, 다른 요리

How to Cook Lamb

같은 재료, 다른 요리

몽골의 허르헉(Khorkhog)과 호주 양고기 요리

양고기는 육질이 부드럽고 소고기 맛에 가깝고 육즙이 풍부하며 지방이 다소 많은 편이다. 다만 우리는 양고기 특유의 누린내에 적응해야만 즐길 수 있는 육류다. 보통 12개월 미만의 양고기를 Lamb으로 부르는데 육질이 부드럽고 누린내도 거의 없다. 1년 이상 된 양고기는 Mutton으로 구분한다. Mutton의 경우는 다소 질기고 누린내가 심하다. 양고기 향에 익숙하지 않은 사람들은 상당한 거부감을 나타낼 수 있다. 하지만 유목민의 입 맛에는 누린내가 구수한 맛의 향기로 느껴진단다. 특유의 풍미가 나이 든 양고기에서 더 많이 느껴지기 때문이란다. 양고기는 돼지고기나 소고기처럼 금기시하는 나라가 없을 정도로 보편적인 육류요리이다.

양은 대개 농경문화가 발달하지 못한 사막 또는 북방 고원지대에서 생계수단으로 많이 방목해 왔다. 유목민들은 양고기로 식량을 조달했을 뿐 아니라 추운 겨울에 필요한 보온재를 양의 가죽이나 털에서 얻는다. 양고기 요리가 잘 발달된 나라들을 보면, 중동이나 추운 북쪽지방의 나라들이다. 물론 최근에는 양고기 요리가 세계 여러 나라에서 보편적인 요리로 자리 잡고 있다. 양고기 요리법은 각 나라별로 다양하다.

몽골 울란바토르에서

우리나라의 양고기 소비량은 해가 갈수록 증가하고 있다. 양고기에 대한 인식이 누린내와 매칭되어 2010년 이전에 우리나라 양고기 외식문화는 마니아층에서 즐겼지만 이후 매년 수천 톤씩 수입량이 증가하고 있다. 우리나라에서 소비되는 양고기는 대부분 호주산 Lamb이다. 최근에는 양고기 훠궈, 꼬치구이, 양고기 징기스칸 요리 등이 미식가들 사이에서 보편적 육류 외식문화로 자리 잡고 있다. 저자도 양고기 훠궈, 양고기 꼬치구이를 즐겨 먹는다.

몽골의 음식문화

몽골의 음식문화는 유목민의 역사와 함께한다. 양, 야크, 말, 소 등이 주요 재산이다. 따라서 몽골인의 전통요리는 육류다. 몽골을 방문했던 저자는 몽골인들의 골격과 힘이 전통적으로 육류소비에서 나왔다는 사실을 알 수 있었다. 유목민들은 목축산업에서 고기와 수프, 우유, 치즈를 얻는다.

몽골인들은 영하 40도의 날씨를 견뎌야 하는 유난히도 추운 겨울의 양식을 준비해야 한다. 따라서 이들은 키우는 가축으로부터 우유를 얻어 치즈를 만들어 겨울을 대비하여야 한다. 또한 도축한 가축의 고기를 훈제하거나 잘 말려 보관하여 추운 겨울을 위한 양식으로 사용한다.

몽골의 식문화는 여름에서 가을까지 겨울양식을 충분히 마련하고 저장하는 데서부터 시작된다. 몽골의 음식은 대자연의 초원으로부터 얻은 치즈, 버터, 아이락, 요구르트인 타라크, 서양의 버터인 으름, 건조된 우유과자인 아롤 등이 있다. 혹독한 겨울을 나기 위하여 준비한 투박하지만 풍성한 고기를 훈제하거나 말린 음식이 대부분이다. 너무나 단순한 요리문화다. 몽골의 요리 중 다른 식재료와 혼합하여 만들어진 요리는 보즈라는 고기만두다. 한입 베어낼 때 터져 나오는 육수의 맛은 일품 그 자체다. 생각만 해도 침이 고일 정도다. 이외에 반시, 랍샤, 부다타이 초이왕, 호쇼르, 후르가, 버덕 등이 있다.

몽골인들의 전통 술로 아이락(마유주)이 있다. 말의 젖을 말의 방광 또는 가죽으로 만든 부대에 넣고 막대기로 수천 번을 젓거나 흔든다. 일종의 발효주다. 낮은 도수로 막걸리처럼 마시기도 한다. 기름진 음식을 먹은 후 거의 매일 우유가 가미된 수테차를 마신다.

허르헉(Khorkhog) 요리

몽골의 허르헉은 일종의 찜 요리다. 허르헉은 귀한 손님이 오거나 큰 잔칫날에 만든다. 요리가 완성되기까지는 많은 일거리와 시간이 걸리기 때문이다. 우선 초원에서 방목하는 자신의 양 한 마리를 작은 칼 하나로 고통을 최소화시켜 도축을 한다. 허허벌판에서 피 한 방울 흘리지 않고 가죽을 벗겨 찜통에 넣기 좋은 크기로 뼈를 붙여 자른다. 양의 내장은 물을 사용하지 않고도 배설물들을 잘 제거한 후 밀가루와 소금으로 버무려 씻은 다음 양의 피를 넣어 순대를 만든다.

몽골의 평원에서 피 한 방울 흘리지 않고 만드는 허르헉 요리

양고기와 내장이 준비되면 몽골 초원의 기운이 듬뿍 담긴 아주 단단하고 맨질맨질한 돌맹이를 초원에서 벌겋게 달군다. 벌겋게 잘 달궈진 돌맹이와 양고기를 시루떡 만들듯이 한 겹 한 겹 찜통에 넣는다. 여기에 피순대와 내장 그리고 양파, 마늘, 당근, 감자, 소금 등을 허르헉 찜통에 함께 넣고 2~3시간 기다리면 허르헉 요리가 완성된다. 몽골인들의 전통 허르헉에는 양고기, 내장 그리고 감자 정도만 찜통에 넣는다. 소금만으로 유일하게 간을 맞춘다.

허르헉 찜통에서 잘 익은 양고기와 내장을 먹기 위해서는 식욕을 돋우는 구수한 누린 냄새를 참아내며 2~3시간 정도를 기다려야 한다. 완성된 허르헉을 꺼내기에 앞서 함께 넣은 초원의 기운을 잔뜩 머금은 돌맹이 하나를 꺼내 손을 비비는 전통이 있다. 이는 초원의 신께 감사하다는 의미와 함께 언 손을 뜨거운 돌로 주무르면서 손을 녹이는 역할을 한다. 이는 허르헉 요리를 먹기에 앞서 해야 하는 전통이다.

완성된 허르헉 양고기 갈비뼈를 잡고 뜯는 맛은 가히 비견할 길이 없다. 대자연 속에서 초원의 풀을 먹고 자란 양고기 요리를 먹는 기분은 이루 말할 수 없는 행복감을 준다. 다만, 늙은 양을 잡았을 경우에는 뼈에 붙은 고기를 모두 뜯어 먹기에는 적잖은 수고와 함께 다소 견디기 쉽지 않은 누린내를 잘 참아내야 한다. 12개월 성장을 전후로 양의 개월 수에 따라 허르헉 양고기의 맛에 차이가 나기 때문이다. 허르헉을 먹을 때는 양고기 특유의 누린 냄새와 반찬 없이 먹어야 하는 느끼함을 잘 견뎌내야 한다는 사실을 잊지 마시라. 다만, 마유주와 함께한다면 또 다른 별미로 인식될 것이다.

호주의 양고기 스테이크

한반도의 35배 크기의 광활한 대지에 2천만 명이 채 안 되는 사람들이 사는 나라가 호주다. 인구의 90% 가까이는 유럽인들이다. 원주민들은 2%가 채 안 된다. 1770년 영국의 제임스 쿡 선장이 호주에 첫발을 내디딘 후 영국인들이 지배해 왔다. 인구의 70%는 대도시에 살고 있고 광활한 대지의 중앙 부분은 OutBack으로 잘 알려진 사막지역이다.

호주 양고기 레스토랑 Lamb Rack, 호주 Adelaide에서 사업 파트너들과 함께

호주 원주민들의 음식문화는 Bush Tucker로 알려진 야생에서 살고 있는 캥거루, 악어, 에뮤 그리고 야생의 약초, 향신료, 야채, 새, 파충류 등으로 만든 음식들이 그 뿌리다. 1770년 이후 영국으로부터 영향을 받아 Fish & Chips와 같은 아주 단조로운 서구 음식문화를 가지고 있었다. 이후 다양한 나라에서 이민자들이 몰려오면서 동·서양의 음식들이 퓨전화되어 최근에는 호주에서 각국의 다양한 음식문화를 경험할 수 있다. 특히 호주에서 가장 인기 있는 음식메뉴는 양고기 스테이크다. 육질 좋은 양고기를 생산할 수 있는 몇 안 되는 나라인 호주에서 양고기 스테이크 맛은 비교할 수 없을 정도로 일품이다.

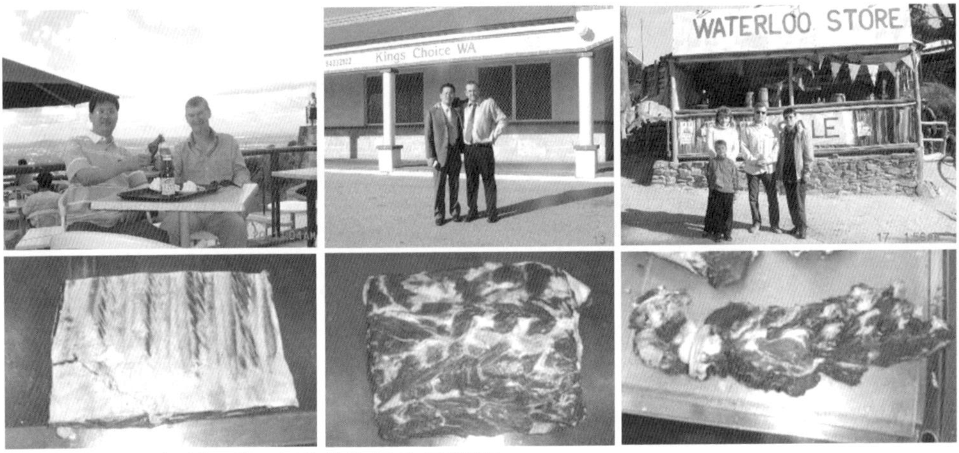

호주 멜버른, 브리즈번, 시드니 등 호주 주요 도시에서

호주는 공원이나 바닷가 어디서나 잘 만들어진 공공장소의 바비큐장에서 다양한 BBQ를 즐길 수 있다. 푸른 초원에서 자라난 호주의 청청우 소고기부터 닭고기, 양고기, 생선 등 다양한 먹거리로 공원 한 편의 바비큐 시설은 호주민들을 위한 휴식문화의 일부분이다. 호주에서 특기할 만한 육류는 호주를 대표하는 동물이면서 호주인들이 사랑하는 캥거루 요리다. 호주의 인구보다 많은 약 2,500만 마리가 야생에서 살아가고 있다. 1993년 식품으로 인정받아 식용으로 도축되고 있다. 지방이 거의 없는 캥거루는 대부분 가죽생산을 위해 방목하지만 캥거루 꼬리로 만든 스튜요리는 아주 특이하고 맛있다. 캥거루 Jerky는 소고기 등 그 어떤 Jerky보다 맛있고 담백하다.

세계외식기행

Cabrito Restaurant

각 나라의 특별한 요리법

Cabrito Restaurant

각 나라의 특별한 요리법

인구 1억, 한반도 9배 크기의 땅 그리고 테킬라! 미국 남부와 국경을 접하면서 미국시장의 산업생산기지로 남미국가 중 비교적 경제수준이 높은 나라다. 멕시코의 식문화는 점심이 성대하다. 점심식사 후 보편적이지는 않지만 스페인 문화의 영향으로 낮잠을 자는 시에스타 문화가 있다.

멕시코의 문화는 고대 마야, 아즈텍 문명으로부터 내려온 멕시코만의 독립적인 문화를 가지고 있다. 또한 오랜 전통이 녹아 있는 멕시코만의 음식은 전 세계인들에게 잘 알려져 사랑받고 있다. 전통음식으로는 옥수수를 주식으로 하는 나라답게 옥수수로 만든 또띠야는 이미 세계적으로 잘 알려진 음식이다. 멕시코 음식의 기원에서 옥수수는 빼놓을 수 없는 고대문명에서 전해 내려온 중요한 식량이다. 멕시코는 고추, 감자, 옥수수, 선인장 등 식재료 원산지의 나라다. 멕시코의 고추는 200여 가지가 될 정도로 종류가 많은데 특히 매운 고추는 맛을 본 사람들만이 그 매운 정도를 알 수 있다. 우리나라 청량고추는 단맛 정도에 불과할 정도로 매운맛이 비교가 된다.

우리가 멕시코 요리에서 빼놓을 수 없는 요리가 있는데 바로 "Mole" 요리다. 몰레요리는 고대부터 전해 내려오던 일종의 멕시코 전통요리다. 야채, 견과류부터 칠면조, 닭고기, 토끼, 사슴 등 각종 고기류까지 다양한 식재를 갈아서 끓인 음식으로 브라질의 Feijoada와 비슷하다. 몰레요리의 탄생 배경에는 다양한 설화가 있다. 멕시코 Puebla 지역의 수녀원에서 만들어졌다고 전해 내려오는 이야기이다. 유럽 가톨릭이 남미로 전해지면서 수녀들의 조리법이 멕시코에 전해졌다는 설은 충분한 가능성이 있다. 실제로 수녀들의 조리법으로 만들어진 Mole de Monjas 요리가 있다. 육류에 칠리, 마늘, 양파, 식초, 설탕, 커민, 클로브, 후추, 계피 그리고 초콜릿과 아몬드까지 정말이지 다양한 식재료가 더해져서 만들어진 요리가 멕시코 몰레요리다. 이 음식은 멕시코인들이 사랑하는 음식이자 멕시코 요리의 기반이다.

특히 초콜릿의 원산지가 바로 멕시코다. 스페인 정복시기 멕시코에서 유럽으로 건너가 지금 세계인들에게 사랑받고 있다. 오늘날 멕시코 요리는 토착음식문화와 섞인—스페인 정복시기에 함께 들어온—가톨릭 수도원의 요리법에서 그 기원을 알 수 있다. 멕시코의 발달된 식자재와 토착음식문화는 스페인뿐만 아니라 프랑스, 이태리 등 유럽의 식탁메뉴에까지 폭넓게 영향을 주었다.

멕시코의 술은 당연히 테킬라(Tequila)이다. 테킬라는 선인장으로부터 만들어진다. 이 술의 역사 또한 옥수수와 함께 고대 마야, 아즈텍 문명으로 거슬러 올라갈 만큼 역사가 깊다. 테킬라는 10년 내외 정도 자란 선인장을 잘라 즙을 낸 후 발효시킨 술이다. 알코올 함량이 무려 40도에서 60도까지 중국의 백주와 비슷하다. 테킬라는 쿠바의 럼주와 함께 "Sunrise" 등 세계인들이 즐겨 마시는 칵테일의 주류다. 테킬라는 레몬을 잔에 꽂고 손등의 소금을 안주로 하는 주법이 독특하다.

멕시코 제2의 도시 몬터레이를 비즈니스로 방문한 저자

남미국가들은 대부분 가우초 문화가 있다. 브라질의 경우 세계 최대 육류생산국이다. 따라서 육류의 소비가 많고 브라질의 츄라스코, 아르헨티나의 아사도 등 요리법이 발달되어 있다. 멕시코 또한 육류의 소비가 많고 수출까지 하는 나라이다.

멕시코에서 육류는 전통음식인 타코요리에 많이 사용된다. 타코는 고기를 잘게 썰어 익혀서 옥수수로 만든 또띠야에 쌈을 싸듯 싸서 먹는 것이다.

멕시코에는 인류의 불 발견 이후 사냥한 동물을 생식에서 화식으로 변화하는 과정에서 가장 원시적으로 불을 사용한 요리방식으로 추측되는 Cabrito 새끼염소 요리가 있다. 이와 비슷한 방식으로 중국의 시장지역에는 "뤄부카오위" 민물생선구이 요리가 있다. 이 지역의 사람들은 오랜 전통으로 내려오던 방식 그대로 강에서 잡은 고기를 꼬챙이에 끼워 그대로 불 주변에 세워서 생산을 굽는다. 중국 윈난성 바이족은 돼지요리를 할 때 짚불에 돼지의 털을 태운다. 이러한 방식으로 불을 사용하는 형태는 인류의 요리가 생식에서 화식으로 변천하는 과정에서 원시성을 가장 잘 보여주고 있다.

멕시코 몬터레이 Cabrito Restaurant에서 현지 지인들과 함께

멕시코에는 Cabrito라는 새끼염소 통구이 요리가 있다. 저자가 2005년 육류 비즈니스와 2017년 세계합기도대회로 멕시코 몬터레이를 방문했을 때 맛본 Cabrito 새끼염소 요리 또한 가장 원초적인 방식으로 구워내는 요리였다. 아르헨티나의 아사도 바비큐도 같은 방식으로 소고기를 구워낸다. Cabrito 새끼염소구이는 도축 이후 내장을 모두 제거한 상태에서 그대로 쇠꼬챙이에 끼워 숯불 주변에서 구워낸다. 껍질은 바삭하고 속살은 아주 부드럽다. 테킬라와 함께 먹는 맛이 일품이다. 염소요리는 멕시코 동북부 지역에서 많이 소비되고 있다. Cabrito 통구이 요리는 멕시코 북부 몬터레이시가 있는 Nuebo Leon주에서 인기가 많다. 3개월 미만의 염소를 아르헨티나 아사도 구이처럼 숯불에 통으로 구워낸다.

스페인을 대표하는 요리로 새끼돼지통구이(Cochinillo Asado) 요리가 있다. 껍질이 바삭하고 속살이 아이스크림처럼 입안에서 녹아드는 맛이 참으로 일품이다.

멕시코 몬테레이 전경

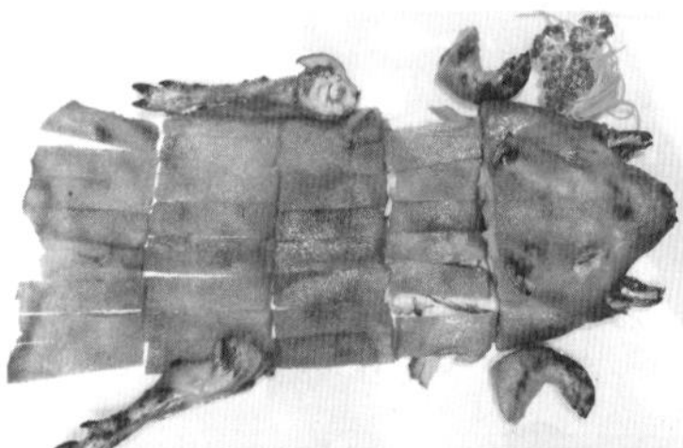

스페인 사라고자 새끼통돼지요리 레스토랑에서 저자
(사라고자 도시는 컨벤션이 많이 열리는 도시로 유명하다)

Avenida Constitucion Ote. 817 between Dr. Coss y Diego de Montemayor
몬테레이 멕시코, 푼디도라 공원에서 2.2km, +52 81 8345 4247

세계외식기행

중국요리

요리의 출발지

중국요리

요리의 출발지

"중국은 음식의 종착지가 아니라, 새로운 요리가 시작되는 출발지다."

중국요리는 광활한 대지만큼이나 식재료가 다양하고 음식의 종류가 많다. 중국요리는 주변 나라뿐만 아니라 먼 나라에서도 중국요리의 흔적을 찾을 수 있을 정도로 세계 여러 나라에 영향을 주고 있다. 인류의 이동은 요리의 이동이다. 요리는 인류와 함께 전파되어 전혀 다른 문화와 사람들에게 전달되어 서로를 친숙하게 만든다. 음식을 함께 먹고, 요리를 함께하면서 서로의 문화에 친숙해지도록 하는 마법이 음식에 녹아 있다. 사람들은 음식을 통해 세상과 소통하고, 음식을 통해 과거를 이해한다. 음식과 식문화에는 역사와 살아온 사람들의 흔적이 전해지기 때문이다.

중국요리의 시작은 세계 다양한 나라들의 음식에서 나타나고 있다.

중국 광동성 포산시 순더 지역의 요리는 광동요리의 핵심이다. 주강 하류에 위치해 향토음식이 잘 발달된 지역으로 유네스코 "세계미식의 도시"로 선정된 곳으로 중국 요리사들의 고향으로 불리는 지역이다. 특히 강 하류에서 잡아 올린 민물고기 "순더위성" 민물고기 회 요리는 1500여 년 전부터 먹기 시작하여 당나라 시대에 와서 절정을 이루다가 오늘날까지 그대로 전해 내려오고 있다. 포산시 순더 지역의 요리는 식재료 본연의 맛을 잘 살려

요리하는 지역이다. "순더위성" 회 요리는 얇게 썬 생선살 본연의 맛 그대로를 살리기 위해 오로지 소금과 참기름만으로 생선살의 감칠맛과 신선함을 즐기는 요리이다. "펑성수이치" 회 요리는 전통의 회 요리인 "순더위성"에 생강, 양파, 오이 등 몇 가지의 야채류만 첨가했을 뿐 전통방식 그대로를 유지하고 있는 순더 지역 민물생선회의 상징으로 존재하고 있다. 중국의 회 요리는 우리나라는 물론 일본의 "사시미" 요리의 모태가 된다. 일본에서 사시미 요리명을 사용하기 전에는 한자어인 "회"를 사용하였다.

빵을 만드는 요리법에는 굽는 방식과 찌는 방식이 있다. 중국의 음식은 북방과 남방의 음식이 많이 다르다. 밀농사와 쌀농사를 짓는 기후의 차이에서 비롯되었다.

북방지역은 밀 농사가 발달하여 빵 요리가 자연스럽게 발달하였다. 산시성에는 "스즈모"라는 자갈에 구운 빵요리가 있다. 이란 국민음식인 "산가크" 또한 자갈에 빵을 굽는다. 서로 크기만 다를 뿐 같은 요리방식이다.

중국 윈난성 자갈빵 "스즈모", 이란의 자갈빵 "산가크"와 화덕구이 빵

오늘날에도 항아리 화덕에 빵을 굽는 방식은 그대로 전해져 온다. 사천성 청두의 "궈쿠이", 허난성의 "댜오루사오빙", 산동성의 "마티샤오빙" 등 중국 전역에서 다양하게 구워진 빵은 쑤저우에서 그 진가를 보인다. 바로 "세

커황"이다. 게 딱지만 한 크기로 정교하게 구워진 빵의 맛이 미각을 돋운다.

굽는 빵 요리의 절정은 프랑스에서 이루어졌다. "크루아상"과 "바게트"가 바로 굽는 빵의 최종 종착지라고 할 만하다.

안후이성의 "전터우모"는 찐 빵의 시작이다. 빵 하나가 무려 1.5kg이다. 밀가루를 찌는 방식으로 만들어진 빵 요리는 삶은 요리로 발전하여 오늘날 국수요리가 되었다. "바오프" "디지" "쿠사이멘" 등 요리명도 다양하고 만드는 방법도 다양하다. 이처럼 하나의 식재료인 밀에도 수많은 요리가 만들어진다. 서로 다른 사람들이 만나면 새로운 요리가 만들어지기 때문이다.

마파두부와 하이난 치킨라이스

중국요리 역사에서 두부요리를 빼놓을 수 없다. 중국의 두부요리는 전 세계 요리에 영향을 주었다. 오늘날의 두부 제조법이 중국에서 시작되었기 때문이다. 특히 사천성의 마파두부는 전 세계인들이 사랑하는 요리가 되었다.

중국은 최초로 벼를 재배한 나라이다. 벼농사는 동남아시아 전역으로 전파되어 오늘에 이른다. 중국 저장성의 "후이젠쭝" 요리는 조릿대 잎에 쌀을 싸서 밥을 짓는다. 수천 년 동안 산간지역의 풍년 농사를 기원하면서 제를 지낼 때 전통적으로 전해 내려오는 밥 짓는 방식이다. 이 요리방식 또한 동남아시아에 함께 전파되었다. 우리나라에도 연잎밥이 잘 알려져 있다.

말레이시아 말라카 지역의 하이난 출신 중국인들은 "하이난지판리" 닭고기 요리로 삶의 터전을 잡았다. 닭을 끓는 물에 담그기를 수십 번 반복하면서 80% 정도만 익힌 후 소스에 찍어 먹는다. 이 요리는 홍콩, 마카오 등 남방지역에서 대중의 인기를 얻고 있다.

중국요리의 퓨전화는 마카오에서 그 절정을 이룬다. 오랜 기간 포르투갈의 지배를 받았던 마카오 지역은 토착 포르투갈 사람들이 중국요리 방식으로 요리를 만들면서 자신들의 향신료와 양념으로 맛을 냈기 때문이다. "바칼라프라이"는 마카오의 대표적인 요리다. 포르투갈 사람들이 즐겨 먹는 대구를 중국식 요리법으로 재탄생시켰다. 포르투갈에도 없는 포르투갈 요리가 만들어진 것이다. 우리는 이런 음식을 퓨전요리라고 부른다. 이외에도 "페어저우지", "타쵸" 등 마카오는 퓨전요리 천국이다. 모두 사람의 이동이 만들어낸 결과이다.

중국의 음식에는 고대 전통문화와 역사가 그대로 오늘날에 전해진다. 중국 북부 오지지역인 알타이 지역의 유목민들은 아직도 양고기, 말고기를 수천 년 전의 전통방식으로 요리해서 먹는다. 알타이 지역의 전통요리인 훈제말고기소시지 요리인 "쉰마러우마창", 안후이성의 중국식 하몽인 "훠투이", 스페인의 "하몽" 모두 고기를 숙성시켜 오랜 기간 동안 보관할 수 있도록 만들었다. 이후의 맛은 덤이었다.

중국인들은 요리법을 팽조(彭祖)라 부른다. 요리의 대가를 팽조예술대사라고 호칭하는 데서 중국인들의 요리에 대한 경외심을 알 수 있다. 중국에서 요리를 예술로 칭하는 철학에는 음식을 요리하는 사람의 마음과 발의 부지런함 그리고 손의 정성으로 만들어야 제맛이 난다는 깊은 뜻이 있다.

산동성에 방문했을 때 초대받은 레스토랑

중국의 요리는 변화를 받아들이

고, 식재료 본연의 맛을 유지하려 고집한다. 중국에서 요리사는 식재료에 또 다른 생명을 불어넣은 사람들이다.

음식을 먹는 문화도 우리와는 사뭇 다르다. 한상차림으로 식구들이 둘러앉아 음식을 먹는 우리 식문화와 달리 중국은 회전 원탁 위에 접시를 올려놓고 먹을 만큼 가져다 먹는다. 중국요리는 긴 역사에서 다양한 요리법이 발달하였다. 오늘날 중국요리는 전 세계 어디에서든지 맛볼 수 있을 만큼 널리 퍼져 있다. 중국인들에게 음식은 긴 세월을 지나오면서 선조들의 흔적으로 현재를 행복감으로 가득 채우고 먼 미래에 영감을 준다.

중국은 네 번째로 큰 국토 면적을 가진 대국이다. 인구는 세계 1위이다. 광활한 대지만큼이나 식재료가 다양하고 음식의 종류도 많다. 따라서 음식문화도 권역별로 나뉜다. 북경요리, 상해요리, 광동요리, 사천요리가 중국요리를 대표한다. 중국요리는 땅이 넓고 인구가 많아 강과 산을 경계로 토양과 기후에 따라 생산 식재료가 다르다. 이에 따라 요리법이 다르고, 맛이 다르다. 따라서 중국은 요리문화 권역을 나눠서 살펴봐야 중국요리를 알 수 있다. 청나라 때 중국요리는 크게 세 가지로 나눴다. 광동을 중심으로 광동요리, 양자강을 중심으로 한 상해요리, 황화를 중심으로 한 북경요리이다. 이후 사천요리가 추가되어 크게 네 권역으로 나뉜다.

북경 왕푸징 포장마차 거리에서

북경요리

베이징은 명나라 영락제의 천도로 중심이 된 도시이다. 이후 북경은 명나라, 청나라 왕실이 자리 잡은 이후 600년을 이어오고 있다. 따라서 북경요리는 허베이성 북경을 중심으로 남동쪽으로 산동성 서남쪽으로 산시성, 허난성까지 황화를 중심으로 하는 중국을 대표하는 요리이다. 북경요리는 한족과 만주족의 궁중요리와 정통요리법이 잘 발달되어 음식문화가 다채로운 특징이 있다.

북경요리를 대표하는 음식은 베이싱 덕이다. 명나라 초기 주원장이 난징에서 즐겨 먹었던 궁중요리인 난징오리구이를 영락제가 베이징으로 천도하면서 난징 오리구이 명인들을 베이징으로 데려와 베이징 덕은 북경요리의 상징이 되었다. "베이징 덕" 오리는 45일 이내로 방목하고 살을 더 찌우기 위해 15일 동안 먹이를 강제로 주입한다. 생체중량이 3.5kg 내외, 도체중량이 3kg 내외 정도 무게의 오리로 만들어진다.

오늘날 베이징 덕이 북경요리를 대표하는 과정을 살펴보면, 만드는 과정이 복잡하다. 도축된 오리의 뱃속에 공기를 주입하고, 끓는 물에 살짝 데친 뒤, 엿기름을 바르고, 며칠 동안 잘 건조시켜 구울 때 껍질이 바삭바삭하도록 한다. 베이징 덕은 오랫동안 숙련된 요리사만이 요리할 수 있는 특별한 요리이다.

궁중요리였던 베이징 덕이 오늘날 대중 속에서 인기를 얻는 과정을 살펴보면, 북경 외곽에서 닭과 오리를 키우던 한 사람이 청나라 때 궁중에서 정통 베이징 덕을 요리하던 요리사들을 초빙하여 "취안쥐더"라는 이름의 식당을 북경에 오픈하면서 오늘날의 베이징 덕이 탄생하게 되었다. 1860년 초에 문을 연 취안쥐더 식당은 중국 공산당 고위층은 물론 미국의 정치인들까지 북경을 방문할 때 반드시 먹어야 했던 중국의 대표요리였다. 하지만 요리방식을 편리하게 변경하면서 지금은 대중의 뇌리에서 희미해졌다. 중국 베이징 난청의 셴위커우 먹자골목은 수백 년을 이어온 음식의 거리이다. 이곳에 명나라 이후 전수되어 내려오던 베이징 덕 요리의 정통을 이어받은 식당이 있다.

베이징 덕

중국인들의 베이징 덕 요리에 대한 사랑은 "만리장성에 오르지 못했으면 사내대장부가 아니고, 베이징 덕을 못 먹었으면 아쉬움이 많이 남는다."라는 말이 있을 정도다.

베이징 덕은 오리를 굽는 방식에 따라 두 가지로 나누어진다.

첫째는 과루(괘노)방식 오리구이 기술이다. 이 구이방식은 정통 궁중구이 방식으로 과수목 숯불 화덕에 잘 숙성된 오리를 통째로 굽는 방식이다. 숯불에 직접 노출되어 껍질이 바삭하고 속살이 부드럽다. 특히 과수목 숯향이 향긋하게 오리살에 배어들어 풍미가 좋다. 잘 구워진 통오리를 얇게 썰어서 텐먼장 소스에 찍어 파채, 오이채 등과 함께 얇은 전병에 쌈을 싸듯 말아서 먹는다.

둘째는 먼루(민노)방식 오리구이 기술이다. 이 기술은 600여 년의 역사를 가진 구이방식이다. 통오리를 구울 때 직접 숯불에 노출되지 않는 방식으로 두께가 50cm나 되는 벽돌로 화덕을 만들어 수수깡으로 화덕을 달군 후 뱃속에 특별한 소스를 가득 채운 오리를 화덕에 넣고 문을 닫는다. 180도에서 200도의 화덕 속 벽돌의 열기로 익히는 방식이다. 이 방식의 기술은 육즙이 풍부하고 부드러운 맛이 난다.

먹는 방식은 대동소이하다. 베이징 덕은 화덕에서 나오자마자 바로 먹어야 제맛이 난다. 베이징 덕을 쌈 싸먹는 전병은 펼쳐서 아래에 신문글자를 읽을 수 있을 정도로 얇고 투명해야 제대로 된 것이다. 오랜 기간 동안 숙련된 요리사만이 만들 수 있는 최고의 난이도디. 베이징 덕의 핵심 소스인 텐먼장은 북경에서 160km 떨어진 바오잉에서 350여 년 전통을 가진 장인의 손길에서 만들어진다. 테이블 위에 베이징 덕을 올리게 된 데에는 수천 년을 내려온 조리방식과 소스 제조법이 있었기 때문이다. 베이징 덕이 북경요리의 상징인 이유이다.

북경에서 보편적이지 않지만 명・청을 거치면서 발달된 궁중요리 만찬인 만한전도(만한취엔시)는 만주와 몽골 그리고 전통 중국요리까지 총망라된 요리를 말한다. 3일 동안의 연회기간 중 최고 200여 가지나 될 정도로 다양하게 차려진다.

저자는 어마어마한 규모의 청나라 만한취엔시를 재현한 식당을 북경항공대학 총장의 초대로 방문하였다. 식당 입구부터 실내공연 그리고 끊임없이 제공되는 요리까지 궁중요리의 진수를 보여주었다.

이외에도 북경요리의 특징은 아주 강한 불에 요리하는 튀김류와 볶음요리 그리고 면, 만두, 육류요리가 잘 발달된 것이다.

청나라 만한취엔시를 재현한 중국 북경의 레스토랑에서

광동요리

"중국에 먹으러 간다면 광동성으로 가라."

광동요리의 특징은 맑지만 싱겁지가 않고, 식자재의 신선함이 속되지 않고, 기름지지만 느끼하지 않고 담백하다.

광동요리는 광동성, 복건성, 광시장족자치구 등 중국 장강 남쪽 지방의 요리를 원나라 때부터 무역항으로써 일찍이 서양의 사상과 문물이 광동성으로 들어와 청나라 말 아편전쟁과 함께 서구 열강에 개방되어 해외에 소개된 중국의 대표적인 요리이다. 광동성 순덕 지역은 2014년 유네스코로부터 "세계 미식의 도시"로 인정받았다. 쓰촨성 청두에 이어 중국 내에서 두 번째로 인정받은 "요리사들의 고향"으로 불리는 곳이다.

세계 외식업체들이 가장 먼저 매장을 여는 곳은 선전이다. 등소평의 개혁 개방정책으로 선전은 인구 수천 명의 작은 어촌에서 천이백만 명이 살아가는 중국 경제특구의 중심으로 자리 잡았다. 맥도날드를 비롯한 세계의 외식 프랜차이즈업체들이 중국시장을 테스트하기 위하여 가장 먼저 진출하는 곳이 바로 광동성 선전이다. 왜냐하면 선전은 IT 중심도시, 고학력자들의 도시 그리고 평균나이 33세로 중국 내에서 가장 앞서가는 도시지역이기 때문이다. 이 지역은 바다와 가까워 다양한 해산물과 아열대성 기후의 풍부한 과일들로 식재료가 풍부한 지역이다.

식재광주(食在廣州)는 광동요리 식재료의 다양성과 풍부함을 의미한다. 광동을 대표하는 요리는 너무나 많고 다양하지만 미식천국의 노시 광동성에서 먹어야 할 요리로 카오루주(烤乳猪), 탕짜이(艇仔粥), 구라오러우(咕咾肉)를 추천한다. 카오루주 요리는 바삭하게 구운 새끼돼지 요리로 광동요리의 시그니처다. 껍질의 바삭함과 속살의 부드러운 맛이 일품이다. 중국인들은 이 요리를 설탕에 찍어 먹는 습관이 있다. 탕짜이 요리는 새우, 생선살, 차슈, 유타오, 튀긴 땅콩 등 다양한 해산물이 들어간 모둠 죽요리이다. 광동 사람들뿐만 아니라 외지인들도 즐겨 먹는 요리 중 하나다. 구라오러우 요리는 광동식 탕수육으로 튀긴 돼지고기에 파인애플, 양파 등 다양한 양념으로 소스를 만들어 얹은 요리이다. 접시에 내오는 순간부터 맛있는 냄새에 침이 꿀꺽 넘어가는 소리가 요리 이름이란다. 얼마나 맛있는 요리인지 요리이름에 그대로 전달되는 그런 요리이다.

이외에도 광동요리에는 신선한 야채와 쌀을 볶은 요리 등 해산물과 생선요리가 다양하다. 광동요리는 식재료의 본맛을 잘 살려내는 요리법이 특징이다. 맛이 신선하고 담백하여 자연 그대로의 맛을 느낄 수 있는 요리법이 잘 발달되어 있다.

광동요리 레스토랑과 광동타워에서

상하이요리

어미지향(魚米之鄕)이라 불리는 상하이요리는 상해, 남경, 양주, 소주 지역을 요리를 말한다. 이 지역은 장강으로부터 나오는 다양한 민물고기와 장강 하류지역 퇴적층에서 생산된 농산물이 풍부한 지역이다. 19세기 말 서구열강들의 중국대륙 침략으로 상하이는 유럽과 열강들의 조계지가 되었다. 사람의 이동은 곧 음식의 이동이다. 상하이는 유럽에서 들어온 사람들과 함께 요리법이 들어와 상하이의 풍부한 식재료를 바탕으로 전통요리와 섞여 새로운 음식이 탄생되었다. 바다와 강을 끼고 있는 지역의 요리답게 게볶음, 생선찜, 삼선볶음국수 등 풍부한 해산물을 이용한 요리들이 많다.

상하이 푸둥에서

상해요리는 기름기가 많지만 담백하고 풍미가 좋은 것이 특징이다. 상해요리의 양념으로 술, 흑초, 간장 등이 다양하게 사용되어 깊은 맛을 낸다. 특히 간장양념으로 만든 돼지고기 요리 홍사오러우(紅燒肉)는 육지의 식재료를 사용한 상해요리를 대표한다. 해산물의 대표요리로는 게로 만든 푸룽칭셰(芙蓉青蟹)가 유명하다.

중국요리에서 기본적으로 사용하는 향신료는 화자오(花椒), 쯔란(孜然), 바자오(八角) 등이 있다. 화자오는 훠궈의 기본 양념으로 입안을 얼얼하게 만든 산초열매 종류다. 쯔란은 양꼬치 전문점에서 많이 사용하는 향신료다. 바자오는 계피, 정향과 함께 오향의 구성원 중 하나이다.

사천요리 훠궈

사천성은 남한 땅의 2.2배 크기로 인구 8,300만 여명이 살아가는 거대한 성이다. 판다곰의 고향으로 세 가지 아름다움

이 있는 곳이다. 자연의 풍경이 아름답고, 미인이 많다. 그리고 음식의 맛이 천하일품인 곳이다. 성도인 청두는 유네스코 "세계 맛의 도시"로 등록될 정도로 음식의 맛이 뛰어난 곳이다.

사천요리는 쓰촨성, 귀주성, 윈난성 지역을 대표하는 요리를 말한다. 중국 서부지역을 대표하는 사천요리는 곡창지대인 사천분지에서 생산되는 풍부한 사계절 식재료가 바탕이다. 산악지역이 많아 소금에 절여 건조해서 저장된 식재료가 많고, 일교차가 심해 맵고 짠 강한 향신료가 발달되었다.

물이 맑아 명품 백주들이 생산된다.

사천요리는 매운 고추, 향이 강한 화자오 등을 양념으로 많이 사용하여 맵고 강한 향이 특징이다. 쓰촨요리를 대표하는 요리로는 입안이 얼얼할 정도로 매운맛이 나는 마라탕(麻辣)요리를 중심으로 마라상궈, 마파두부 그리고 훠궈요리가 있다. 훠궈요리의 중심에는 양고기가 있고 다양한 해산물 등이 있다.

훠궈는 사천요리를 대표하는 요리로서 끓는 물에 육류, 동물의 내장, 각종 해산물, 다양한 야채 그리고 면류를 담갔다가 빠르게 꺼내 먹는 요리로서 샤부샤부 요리와 같다. 훠궈 육수는 팔괘 모양의 냄비에 입안이 얼얼하도록 국물을 만든 홍탕(红汤) 또는 마라탕(麻辣汤)과 담백한 맛의 칭탕(清汤)으로 분리하여 입맛에 맞게 먹는다.

중국의 훠궈요리는 춘추전국시대 이후부터 송나라, 원나라 그리고 몽골지역에서까지 먹었다고 전해지고 있다. 물론 오랜 옛날 훠궈는 끓는 물에 고기를 데쳐 먹는 수준이었을 것이다. 훠궈요리는 청나라 이후부터는 황실만의 요리로 발달하여 청나라가 사라지고 격변기의 중국에서 공산혁명의 주역인 모택동과 등소평이 즐겨 먹은 요리였다. 훠궈요리의 주재료는 양고기이다. 물론 쇠고기, 해산물 그리고 야채도 함께 익혀 먹는다.

사천성 훠궈요리의 지존은 단연 “하이디라오(海底捞)”다. 1994년 사천성에서 출발한 하이디라오 북경 훠궈레스토랑은 10년 후 북경으로 진출하면서 중국 훠궈요리를 평정하기 시작한다. 북경, 상하이 등 중국 전역은 물론 홍콩, 싱가포르, 대만, 일본, 미국은 물론 우리나라 강남, 홍대 등에까지 진출하면서 명성을 쌓았다. 오너인 장융 회장이 국적을 싱가포르로 변경하면서 싱가포르 부호의 순위가 바뀌었다는 일화는 유명하다.

저자는 북경, 광동점을 방문하여 하이디라오 북경 훠궈레스토랑의 규모와 직원들의 서비스 그리고 고객의 마음을 사로잡기 위하여 얼마나 노력하는 외식기업인지 실감하였다.

하이디라오 성공요인들을 살펴보면,

우선, 식당 입구에 들어서는 순간 깜짝 놀랐다. 입구 현관 규모가 웬만한 작은 레스토랑 크기다. 기다리는 고객들을 위하여 네일아트, 구두닦이 서비스는 물론이고, 끊임없이 차를 마실 수 있도록 배려하고 맛있는 간식거리를 제공한다. 식당 안으로 들어서면 어마어마한 규모에 다시 한 번 놀라고, 입안이 얼얼한 매운맛에 눈물을 흘린다. 식당 내에서 수타면을 뽑아내는 쇼로 볼거리를 제공하고 종업원들의 빠른 서비스와 친절에 하이디라오의 성공을 실감한다.

사천요리의 시그니처는 단연 훠궈요리이다. 이외에도 마파두부(麻婆豆腐), 후이궈러우(回锅肉), 동파육(东坡肉), 단단면(担担面), 라즈지 등 다양한 요리들로 맛의 도시이다.

하이디라오 북경 훠궈레스토랑에서

마파두부는 우리에게도 너무나 친숙한 사천요리 중 하나이다. 간장, 고추장, 참기름, 마늘, 파, 생강 등을 잘 볶아서 깍두기 모양의 연두부와 함께 전분을 넣어 걸쭉하게 볶아내는 요리다. 사천성의 마파두부가 맛있는 이유는 "더우반"이 있기 때문이다. 청색 누에콩을 누룩으로 발효시킨 후 얼징타오 매운 고추와 섞은 다음 항아리에서 발효시킨다. 이 더우반 소스가 없다면 오늘날 마파두부도 없다.

후이궈러우 요리는 삶은 돼지고기에 생강, 파, 다랴오 양념을 넣고 다시 볶아내는 요리다. 동파육은 소동파의 요리로 너무나 유명한 요리이다. 단단면은 일종의 비빔국수다. 땅콩기름에 고춧가루, 돼지고기를 고명으로 얹어 국수에 비벼서 먹는다.

사천성에는 명품 백주들이 즐비하다. 우리에게 잘 알려진 수정방(水井坊), 우량예(五粮液), 젠난춘(剑南春), 농향형 백주의 표준인 노주노교(泸州老窖) 등이 사천성을 대표하는 명품 백주들이다. 사천성은 산세가 높아 풍부한 수량과 맑은 물이 좋아 명주들이 많은 성이다.

세계외식기행

Pho in Vietnam

풍성한 쌀과 해산물

Pho in Vietnam

풍성한 쌀과 해산물

오바마 대통령이 방문했던 하노이 베트남 쌀국수 식당

베트남의 역사는 우리의 역사와 비슷하게 수많은 외세의 침략을 받아왔다. 프랑스의 식민지, 중국의 식민지 그리고 남·북 전쟁 등을 겪으면서도 끝내 독립과 통일을 성공적으로 이끌어왔던 자부심을 가진 국민성을 가지고 있다. 베트남은 풍부한 농산물과 해산물이 생산되는 호찌민을 중심으로 하는 남반부와 다소 척박한 땅이지만 근면하고 성실한 근성을 가진 하노이 중심의 북반부로 구분된다. 호찌민과 하노이는 서로 다른 기후와 풍토 그리고 정치환경으로 지역감정 또한 우리나라의 동·서보다 더욱 심할 정도로 감정의 골이 깊다.

베트남은 더운 날씨로 인하여 다양한 음료문화가 잘 발달되어 있다. 대량의 커피 생산국답게 커피문화가 발달되어 있다. 베트남에서 커피가 재배되기 시작한 때는 1850년대로 본다. 프랑스의 영향을 받아 중부 산간지역에서 재배하기 시작한 베트남 커피는 주요 수출품목 중 하나다. 이외에도 레몬, 코코넛, 오렌지와 열대과일들이 풍부하여 다양한 형태로 음료를 만들어 마신다. 베트남 음료는 이름이 너무 많아 모두 설명하기보다 그 명칭들만 여기에 나열한다. Nuoc Tra, Tra da, Nuoc Dua, Che, Kem Bach Dang, Nuoc Mia, Cam Vat, Du Du, La Vie, Vinh Hao, Bia Hoi

베트남의 음식은 검소하고 소박하다. 베트남의 식문화는 농경문화의 공동생활 식습관을 가지고 있다. 큰 그릇에 음식을 담아 여러 사람이 함께 떠먹는 습관은 우리나라와 비슷하다. 하지만 밥그릇을 손에 들고 젓가락으로 먹는 습관은 우리와 다르다. 또한 숟가락은 국물을 먹는 데만 사용하고 식탁 위에 반드시 엎어놓아야 한다.

대표적인 음식은 우리나라에도 이미 잘 알려져 즐겨 먹는 Pho다. 쌀국수를 삶아 건져서 바구니에 담아 놓고 고객이 오면 뜨거운 국물에 야채와 숙주 그리고 닭고기, 소고기 등을 얹어 내놓는다. 우리나라의 잔치국수와 같다. 테이블에는 매콤한 고추와 레몬 등이 소스로 준비되어 있다. 대부분의 베트남인들이 Pho와 함께 먹는 요리가 바로 Cha Gio다. 쌀로 만든 만두피에 고기류와 바닷게살 그리고 양파, 당면을 잘게 썰어 길쭉하게 돌돌 말아서 기름에 튀겨낸 것으로 아주 바삭한 맛이 난다.

베트남 쌀국수 Pho는 돼지뼈, 닭뼈를 푹 우려낸 국물에 쌀국수를 넣어 먹는다. 토핑으로 얹어 먹는 고기의 종류에 따라 그 이름을 달리 부른다. 소고기를 토핑하면 Pho Bo, 닭고기를 토핑하면 Pho Ga라고 부른다.

미국 오바마 대통령이 방문했던 하노이 Pho 레스토랑에서

대부분 이 두 종류의 Pho를 먹는다. 베트남 사람들은 대부분 아침식사로 간단하게 길거리에서 Pho를 먹고 출근한다.

베트남 사람들은 Com이라는 주식을 먹는다. 베트남의 쌀은 알랑미로 불면 날아가는 찰기가 없는 쌀이다. Com과 함께 국, 고기류, 생선류 등을 반찬으로 먹는다. 양념류는 마늘, 고추 등 우리와 비슷하다. 베트남인들이 식사할 때 마시는 물은 대부분 Tra Da이다. 차 끓인 물에 얼음을 넣어 마시는데 기름기 많은 음식을 먹은 후 아주 개운한 느낌을 준다.

베트남은 남북으로 길게 뻗은 길이가 무려 1,700km나 된다. 이 엄청난 국토의 한쪽은 바다요 다른 한쪽은 인도차이나 반도 내륙이다. 베트남은 국토의 특성과 기후의 특성으로 쌀과 해산물이 풍부한 나라다. 남부 베트남의 대표도시 호찌민과 세계의 관광객들이 몰려드는 다낭, 다소 조용하지만 새롭게 관심을 보이는 나트랑 그리고 프랑스 식민지배 당시 프랑스인들의 휴양별장지 달랏이 있다. 달랏은 1,500m 고원지대로 일 년 내내 20도 내외의 기온을 유지하여 쾌적한 기후를 가지고 있다. 저자는 조용하게 떠오는 관광지 나트랑에서 현지인 친구들의 안내로 베트남의 풍부한 해산물 요리를 마음껏 즐겼다.

Nuoc Mam(느억맘)

베트남 요리에는 약방의 감초 역할을 하는 느억맘 피쉬소스가 있다. 우리나라의 전통간장 역할을 한다. Nuoc은 물을 의미하고, Mam은 생선젓갈을 뜻한다. 베트남 대표요리인 쌀국수는 물론 각종 조림, 볶음뿐만 아니라 샐러드 드레싱까지 대부분의 베트남 요리에 반드시 있어야 할 소스다. 이 피쉬소스는 미얀마, 캄보디아, 필리핀, 태국, 라오스 등 동남아시아 여러 나라에서 우리나라 간장처럼 사용하는 소스이다. 피쉬소스는 다양한 생선을 소금에 절여 1년 정도 숙성 발효시킨 액젓을 말한다. 느억맘의 품질등급은 원액에서 나오는 초기 액젓으로 최상급인 Nuoc mam nhi가 있고, 다시 물을 부어 걸러내는 횟수에 따라 등급이 낮아진다. 느억맘에 식초, 레몬즙 등을 섞어 마늘과 설탕, 고추를 넣어 만든 Nuoc Cham이 있다. 이 소스는 다양한 요리의 디핑소스다.

우리나라 생선 젓갈이나 젓국은 동남아시아에서 시작된 천연양념이다. 베트남 호찌민을 비롯한 남부의 느억맘은 부드러운 맛이 나고 푸꾸옥섬에서 생산되는 느억맘이 유명하다. 베트남 북부의 느억맘은 맛에 깊이가 있고 담백한 것이 특징이다.

Nuoc Mam(느억맘) 생선과 제조 항아리, 현지인들의 길거리 식사

세계외식기행

American Steak

미국의 노포

American Steak

미국의 노포

스테이크는 어떻게 식탁의 메인 메뉴가 되었는가? 소는 어디서 유래되었는가?

스페인 북부 알타미라 동굴과 프랑스 라스코 동굴 속에는 같은 동물벽화가 하나 있다. "오록스" 소의 조상 그림이다. 고대 유럽에서 소는 숭배의 대상이었다. 몸집이 거대한 황소의 위풍당당한 모습에 압도된 고대인들의 나약함은 동물숭배사상, 토테미즘의 상징으로 소를 숭배하였다. 늑대와 곰, 특히 용을 신성시했던 동양의 토테미즘도 같은 맥락이다. 이처럼 수천 년 동안 인간들의 신화에서는 다양한 동물들이 숭배의 상징이었다.

스페인 북부 알타미라 동굴에 그려진 소의 조상 벽화 "오록스"

소의 숭배사상은 동물을 길들여 가축으로 우리에 가두기 시작하면서 점점 그 정도가 약해졌다. 특히 소는 인간들이 수렵사회에서 농경사회로 전환하면서 "오록스"의 크기는 점점 작아졌다. 농경사회에서 소는 노동력의 중요한 수단으로 인간이 통제해야 할 대상이었기 때문이다. 아직도 소를 숭배하는 토테미즘이 인도에서 전해 내려오고 있다. 인도는 정치경제와 종교가 분리될 수 없을 만큼 결합되어 있어 농경사회에서조차 소에 대한 경배사상을 버릴 수 없었기 때문이다.

산업혁명을 거치면서 농촌은 도시민들에게 식량공급처로서의 역할을 지금까지 수행하고 있다. 농촌에는 소 등 짐승을 전문적으로 생산하는 목축업자들이 등장하여 도시민들에게 단백질 공급원의 역할을 함으로써 큰 부를 축적하면서 덩치가 큰 소는 주요 가축으로 자리매김하였고, 식탁의 중심을 차지하게 되었다.

오늘날에는 소고기의 전 세계 수출입량이 무려 900만 톤에 이른다. 이제 소고기는 전 세계인들이 선호하는 대중을 위한 음식이 되었지만 품질 좋은 소의 중요 부위인 스테이크는 아직도 부유한 자들의 전용 메뉴로 인식되고 있다.

품질 좋은 스테이크는 어떻게 만들어지는가?

스테이크의 고장 미국은 다양한 품종의 육우를 생산하고 있다. 그중에서도 Angus 품종은 단연 으뜸으로 여겨진다. Angus 품종은 흑색이 대부분이나 Red Angus 품종도 있다. 곡물 비육 시 Marbling 발달이 우수하여 고기의 맛과 풍미가 좋다.

Aberdeen Angus

Charolais

Hereford

Red Angus

Limousine

Gelbvieh

Brangus

Simmental

http://www.usmef.co.kr/

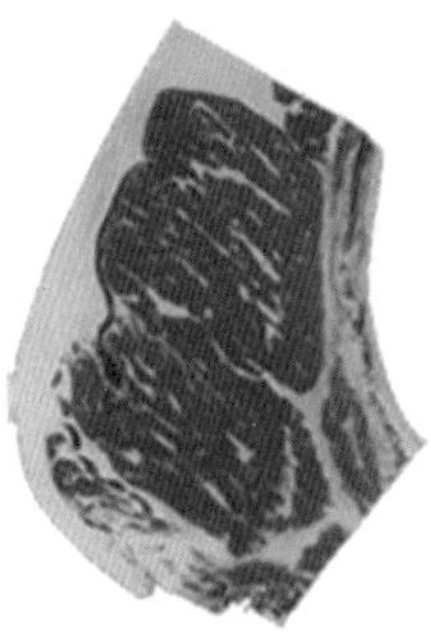
Moderately Abundant

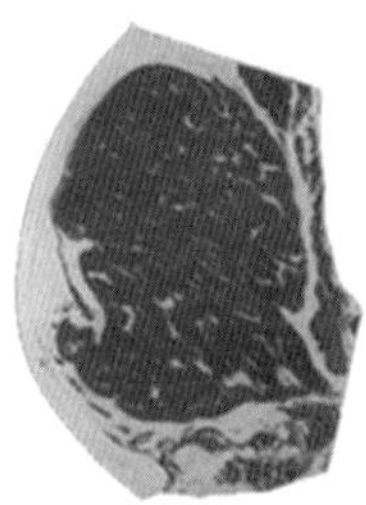
Slightly Abundant

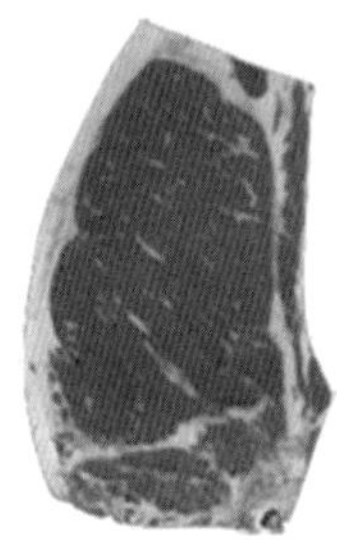
Moderate

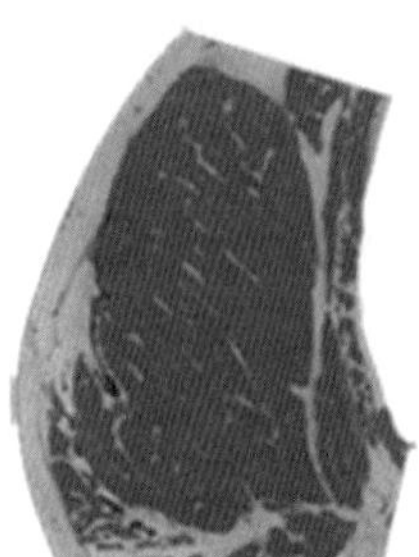
Modest

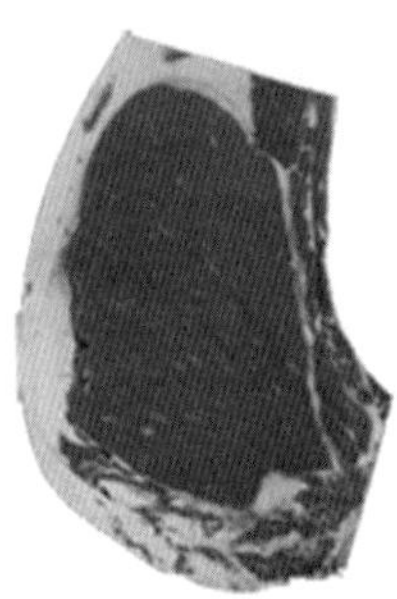
Small

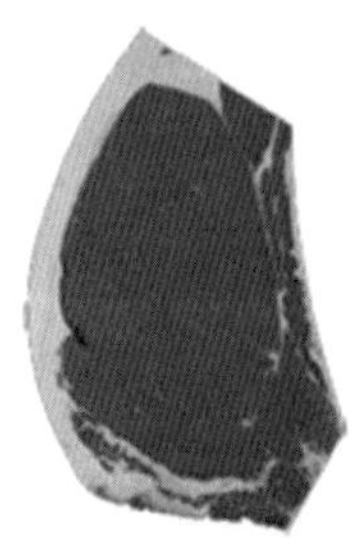
Slight

http://www.usmef.co.kr/

미국 소고기의 품질등급은 Marbling과 소의 성숙도로 결정된다. 이외에도 고기의 컬러, 근육의 탄력성 등도 고려요인이다. Marbling은 고기의 맛을 부드럽게 하고 육즙을 풍부하게 하여 풍미를 더한다. 성숙도(Maturity)는 고기의 육즙, 향 그리고 육질이 소의 연령과 관계가 있어 등급판정에 주요 요인이 된다. 성숙도는 대개 A, B, C, D, E의 5개로 나눠어 분류된다. 이외에도 소의 수율등급(Yield Class)이 있다. 소의 수율등급은 육량을 측정하는 중요한 기준이다.

미국 소고기의 등급은 대체로 Prime, Choice, Select, Standard로 구분한다. 전체 등급 중 Prime등급은 3% 내외, Choice등급은 60% 내외 그리고 Select등급은 30% 내외로 생산된다.

미국의 Dinning Restaurant에서 우리가 맛있게 먹는 스테이크는 이러한 과정을 거쳐 Table에 오른다.

Stake는 소의 부위 중에서 Tenderloin, Top Sirloin, Rib Eye, T-Bone, Sirloin 등이 주요 스테이크용으로 사용되는 부위이다. 스테이크는 굽는 정도에 따라 맛과 풍미가 달라진다. 각자의 선호도에 따라 Rare(고기의 표면만 살짝 익혀 핏물이 나오는 정도), Medium(고기의 중간 속부분에만 약간의 핏물이 보이는 정도), Welldone(고기의 속까지 바싹 익혀 핏물이 없는 상태) 등으로 나눈다. 좀 더 세부적으로 구운 정도를 나누면 Medium rare, Medium well로 구분한다.

스테이크 잘 굽는 법

고기를 굽는다는 데는 다양한 의미가 있다. 가장 우선적으로는 위생부분이다. 육류의 모든 바이러스는 섭씨 50도(℃) 이상에서 99% 소멸되기 때문이다. 다음으로는 숯불에 구웠을 때 특유의 숯의 향이 배어 풍미와 맛을 더해주기 때문이다. 하지만 숯불에 고기 굽는 법을 알아야 제대로 된 스테이크의 맛과 향을 느낄 수 있다.

우선 고기를 굽는 온도에 따라 풍미와 맛이 달라진다. 스테이크를 굽는 온도는 165도(℃) 내외에서 가장 이상적인 맛을 낸다. 바로 마이야르 반응(Maillard reaction)이라는 화학반응이 일어나기 때문이다. 마이야르 반응은 육류 단백질의 크기를 분해하여 인간의 혀에서 맛을 느낄 수 있도록 하는 역할을 한다. 마이야르 반응은 1912년 프랑스 생화학자 Louis Camile Maillard가 생물세포 속에서 아미노산과 당이 어떻게 반응하는지에 대한 연구에서 비롯되었다. 이후 스테이크, 빵 굽기, 커피 향 등의 조리과정에서도 열이 가해질 때 단백질의 분해과정에서 붉은 고기가 갈변현상을 일으키고 고소한 향을 내는 이유도 마이야르 반응 이론으로 설명되었다. 이후 우리는 스테이크 굽기의 온도와 입맛을 돋우는 고소한 향을 내는 데 최적의 온도를 165℃ 내외로 결론짓게 되었다.

일반적으로 스테이크를 센 불에 구워야 한다는 것이 상식처럼 알려져 있지만 온도가 200℃를 넘어가면 흔히 말하는 발암물질이 고기에서 발생될 수 있고 육즙이 감소하여 맛도 떨어진다.

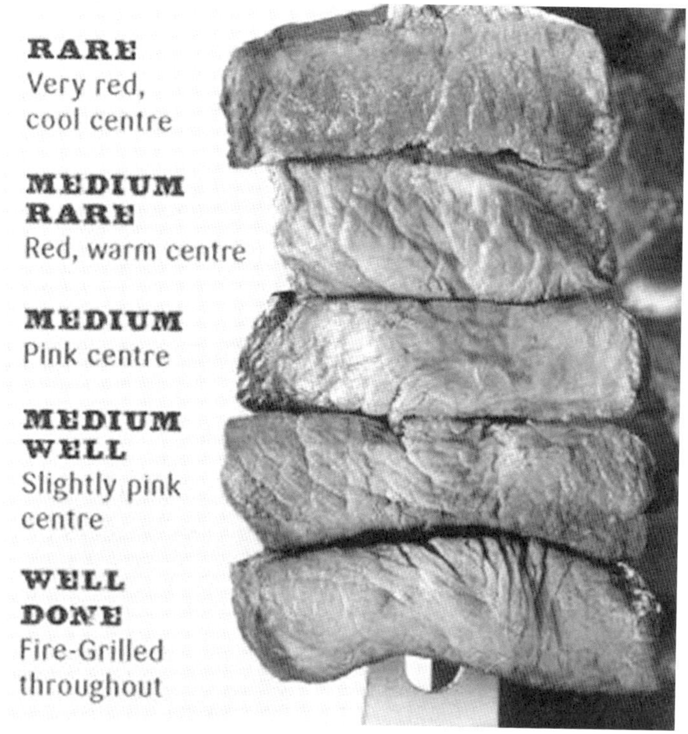

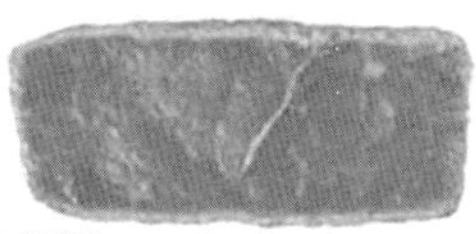

Blue rare (115F)- seared on the outside, completely red throughout. Meat remains gel-like in texture and difficult to chew; juices are not yet flowing freely.

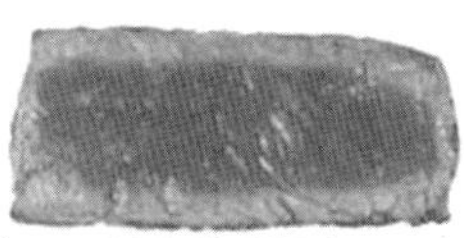

Rare (120F)- seared and still red 75% through the centre. Once the heat transfer is completed during the resting period, this steak will achieve *The Perfect Steak* - tender & juicy.

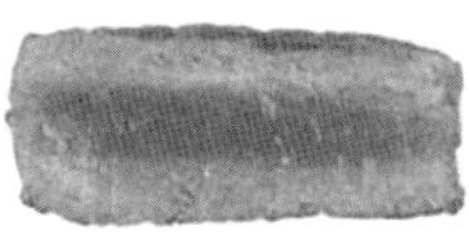

Medium rare (126F)- seared with 50% red centre. Just passed the point of *The Perfect Steak*.

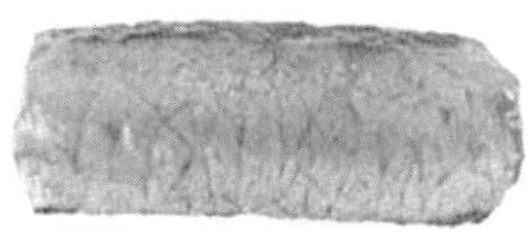

Medium (134F) - seared outside, 25% pink showing inside. Much drier and tougher than *The Perfect Steak*, but still palatable.

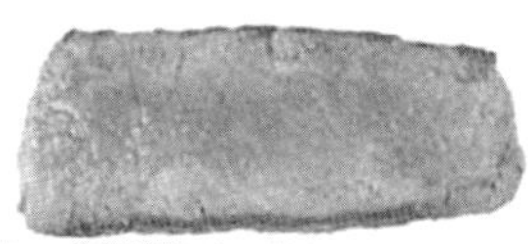

Medium well (150F) - done throughout with a slight hint of pink. Past the point of no return.

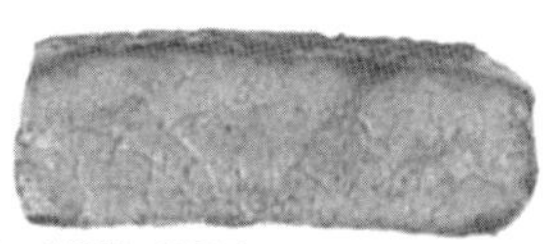

Well done (160F) - 100% brown. Waste of a good quality steak.

VERY RARE

55° C
130° F

RARE

60° C
140° F

MEDIUM RARE

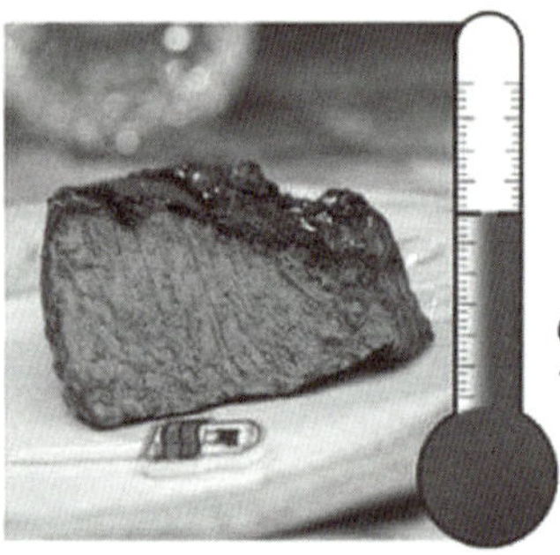

63° C
145° F

MEDIUM

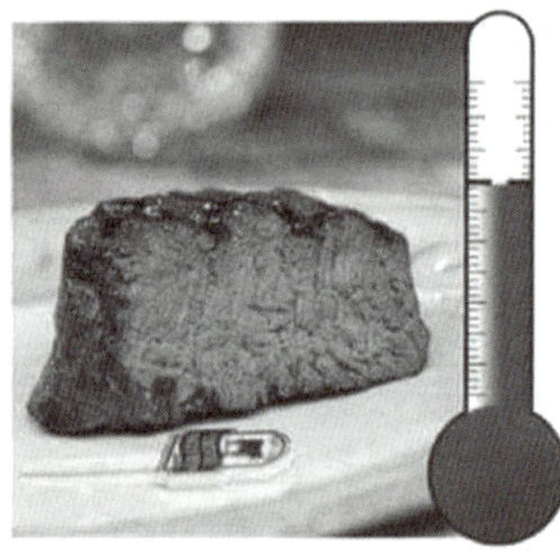

71° C
160° F

WELL

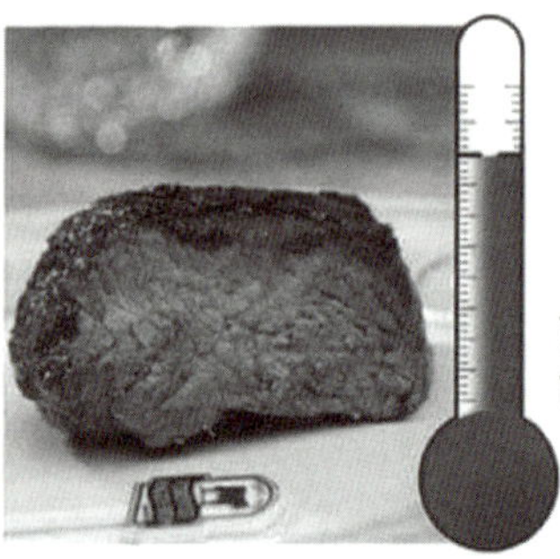

77° C
170° F

VERY WELL DONE

82° C
180° F

Peter EST. 1887 Luger
STEAK HOUSE

https://peterluger.com/

저자는 New York Steak의 맛과 서비스 그리고 요리법을 알아보기 위하여 뉴욕에서 유명한 Steak House인 Peter Luger Restaurant에 다녀왔다.

1887년에 오픈한 이 레스토랑은 창업자의 죽음으로 망해져 가는 식당을 1950년에 또 다른 Family 중 한 사람이 인수하여 뉴욕 최고의 스테이크하우스로 만들기 위하여 뉴욕 West Side Highway의 육류도매시장에서 직접 고기를 배우고 스테이크용 부위를 구입하여 고객들에게 제공하면서 그 명성을 지속적으로 유지하였다. Peter Luger Steak House에서는 오직 도축우 중 2% 만이 생산되는 USDA Prime등급의 Sirloin, T-Bone, Tenderloin 등 스테이크 부위만을 고집한다. 뿐만 아니라 스테이크의 맛과 풍미를 더하기 위하여 보관창고의 온도, 습도, 공기의 순환 등 까다로운 과정을 거쳐야 하는 Dry Aging 숙성법으로 뉴욕 최고의 스테이크를 고객들에게 서비스하는 고집을 유지하고 있다. 1984년 뉴욕 최고의 스테이크 레스토랑으로 평가받으면서 미슐랭가이드 스타 반열에 올랐다.

https://peterluger.com/

모든 나라에는 전통적으로 내려오는 음식이 있다. 한국의 김치는 다른 나라에서 만들 수는 있어도 본토의 맛은 낼 수가 없다. 스테이크 또한 다양한 나라에서 만들 수는 있어도 미국 정통 스테이크 하우스의 맛을 따라잡을 수는 없다. 전통의 맛을 오랜 시간 동안 숙성되어 내려온 역사에서 찾아야 하는 이유이다.

2 USDA PRIME Dry-aged porterhouse (averaging 36-38 oz. each)

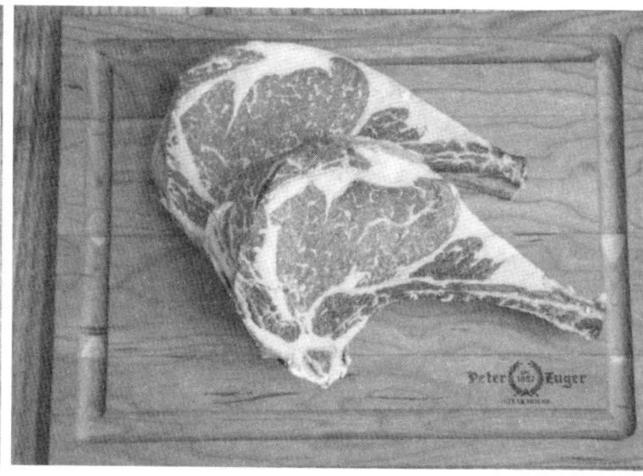

2 USDA PRIME Dry-aged bone-in rib steaks (averaging 30-32 oz. each)

4 USDA PRIME Dry-aged Strip Steaks (averaging 24-26oz. each)

USDA Prime Patties, half pound (8 oz. each)

https://peterluger.com/

Peter Luger Steak House에서는 USDA Prime, Dry-aged steaks를 지속적으로 고집하면서 100여 년이 지난 오늘날까지 스테이크를 사랑하는 고객들로부터 찬사를 받고 있다. Peter Luger는 고객들의 지속적인 요청으로 방문이 어려운 고객들을 위하여 On-Line 배송으로 고객들의 욕구를 충족시키고 있다. 매주 월요일부터 목요일까지 선적을 하고 금요일부터 일요일까지는 배송이 없다. 스테이크용 소고기의 신선도를 유지하기 위하여 익일 배송 원칙을 지키고 있다. 실물을 배송하기 어려운 고객들을 위하여 상품권을 판매하기도 한다.

$50 Peter Luger Gift Certificate

$100 Peter Luger Gift Certificate

baseball cap

"Porterhouse" T-Shirt

Peter Luger Cutting Board

미국의 유명 레스토랑을 방문하다 보면 입구에 Gift Shop을 운영하는 경우가 있다. Peter Luger 또한 On-Off Line으로 Gift Shop을 운영하고 있었다.

RAVE REVIEWS

Zagat Survey

Peter Luger Steak House 178 Broadway(Driggs Ave.), Brooklyn 718-387-7400 2014 Review Voted NYC's No. 1 steakhouse for the 30th year in a row, this circa-1887 Williamsburg "landmark" offers a "classic, straightforward" menu (highlighted by a "terrifi ...

Michelin NYC Restaurants

Peter Luger Steak House – 178 Broadway(at Driggs Ave.), Brooklyn, NY Venerated Peter Luger resides in an expensive space reminiscent of old New York and early German ale houses – an endless line of visitors only service to reiterate how special a place ...

USA Today Travel

BROOKLYN, NY - Seated on a bentwood chair at a well-worn oak table at Peter Luger Steak House, you hear the sizzle way before the white-aproned waiter sets down a platter of steak straight from the broiler.

Fortune Magazine

BEEF TIPS: THE BEST STEAKS IN (ANY) TOWN In this age of managed indulgence, a good steak dinner is an all too rare treat. Don't mess it up! Steak isn't good for you, but it's still really good. In business it remains the dinner of champions. Because a ...

Gourmet Magazine

If you've ever tasted the difference between a buttery, silky textured, nearly sweet, age-inflected steak and the chewy, faintly flavored mediocrity that usually passes for prime steak, you're undoubtedly reluctant to settle for the latter. Sadly, however ...

A Century of Restaurants by Rick Browne

When ever your competitors agree that your steaks are the best, you've done something right. I'm not saying they're going to take out ads or set up billboards heralding the quality of Luger's porterhouse steaks. But when asked "off the record", a pair che ...

뉴욕 Peter Luger Steak House에서

Dinning Restaurant에서의 Table Manner

미국의 고급 레스토랑은 대부분 입구에서 고객을 응대한다. 고객의 수에 맞게 자리배치에 앞서 외투 등 식사에 방해가 되는 물건들은 체크품에 맡긴다. 또한 인기 레스토랑은 식사시간대에 많은 손님들로 인하여 Waiting 시간이 길어질 수 있으므로 미니바에서 간단한 위스키 또는 칵테일을 즐기기도 한다.

테이블에 앉을 때는 웨이터가 가장 먼저 빼주는 의자가 상석이 된다. 웨이터가 없을 경우는 호스티스가 주빈 또는 여성의 자리를 빼주어야 한다. 호스트를 중심으로 오른쪽과 왼쪽을 지그재그로 손님의 자리를 배정한다. 대개 말석은 문을 등지거나 통로가 된다.

식탁 위의 냅킨은 첫 음식이 나오기 직전에 옆사람에게 불편을 주지 않도록 펼친다. 식사 중에는 자신의 코, 머리 등 신체부위를 만지거나 다리를 꼬거나 팔꿈치를 식탁 위에 올려놓아서는 안 된다.

서양의 테이블에서 나이프와 포크는 아주 주요한 역할을 한다. 식사 중 나이프와 포크를 놓을 때는 접시 위에 팔자로 놓아야 한다. 나이프와 포크를 접시 위에 나란히 놓으면 식사가 마무리되었다는 사인이다.

스테이크는 포크와 나이프로 한 조각씩 썰어서 먹는다. 스테이크 하나를 모두 썰어서 놓고 먹는 방법은 스테이크를 즐기는 좋은 방법이 아니다. T-Bone Stake처럼 뼈가 있는 스테이크는 우선 뼈부터 분리한 후 먹는 것이 순서이다. 접시에서 고기를 자를 때는 소리가 나지 않도록 해야 하며 특히 나이프로 고기를 입으로 가져가는 행위는 삼가야 한다.

세계의식기행

Slow City

왜 슬로시티인가?

Slow City

왜 슬로시티인가?

슬로시티, 슬로푸드 운동은 식문화 개선 운동이자 삶의 태도에 대한 변화를 추구하는 운동이다. 1999년 이탈리아 Greve in Chianti(그레베 인 키안티)에서 시작된 Slow City 운동은 느리게 살기 운동이다. 1986년 이탈리아 북부 피에몬테주의 Bra 마을에서 시작된 SlowFood운동은 FastFood를 지양하고 인간의 건강에 이로운 전통음식을 머고, 식자재를 생산하자는 식문화 개선운동이다.

이탈리아에서 일어난 슬로푸드, 슬로시티의 실질적인 발상지는 바위산 위의 성곽도시 오르비에토 city다. Orvieto(오르비에토) 성곽도시에는 자동차가 없다. 인구 2만여 명의 작은 성곽도시 외곽에는 작은 텃밭들이 있고 여기서 전통방식으로 생산되는 유기농산물은 주변 학교 급식재료로 공급된다. 최근의 로컬푸드 운동이다. 이 도시와 그레베 인 키안티, 포시타노, 브라 등 네 도시가 함께 슬로시티 운동을 시작하였다.

오르비에토 city에는 자동차, 대형마트, 패스트푸드점이 없다. 저자가 느낀 이 도시는 사방이 절벽과 경사진 농지인 해자로 둘러싸인 오랜 석조건물로 가득 찬 Castle이었다.

슬로시티와 슬로푸드는 인간의 삶과 먹거리의 질적 개선 측면에서 같은 방향을 추구한다. 슬로푸드의 지향점이 건강한 식재료를 생산하고, 전통식품, 건강한 식품을 먹고, 어린이들과 소비자들에게 건강한 맛을 길들인다.

슬로시티의 지향점은 의식주를 포함한 생활방식에서 전통문화를 지키고, 자연환경을 보존하고, 건강한 먹거리인 전통식품과 식자재를 생산하는 슬로푸드를 지향한다. 슬로시티의 목표는 자연을 보호하고, 전통문화에 대한 자부심을 가지고, 각 지역의 다양한 특색을 지켜 나가자는 운동이다.

산업사회의 급속한 발전과 함께 인간의 삶도 함께 빨라져 현대인들의 삶의 질이 저하되는 현상과 FastFood와 가공식품산업의 발달로 인간의 먹거리의 다양성이 사라져가고 맛이 획일화, 균일화되어 가고, 문명의 고도화 진행과정에서 인간의 소외감은 증가되고 물질적 추구, 치열한 경쟁 그리고 효율성 강조로 인간관계의 심각한 갈등과 불안을 우려해서 시작된 Slow Movement는 전 세계적으로 급속하게 퍼져나가고 있다.

초기 슬로시티 네 곳 중 한 곳이었던 Bra에서

우리나라에도 Slow City, Slow Food 운동이 전국적으로 확대 발전하고 있다. 우리나라의 농촌문화는 도시화, 산업화되어 가는 과정에서 거의 사라지고 어설픈 도시화, 어설픈 산업화로 도시도, 농촌도 아닌 어정쩡한 문화가 자리 잡고 있다. 도시로 빠져나간 젊은 인력들로 농촌은 공동화되어 가고 노령인구의 증가로 활력이 떨어졌다. 농촌의 역할은 도시의 생존을 지원하는 먹거리 생산에 있다. 그것도 건강한 먹거리 생산과 도시의 피로를 풀어주는 건강한 자연환경을 보존해야 할 역할이 농촌에 있다. 도시의 문명발전과 농촌의 힐링 제공의 상호교환 과정에서 경제가 흘러야 도시도, 농촌도 건강하게 발전할 수 있다. 따라서 농촌의 어설픈 도시화는 지양되어야 한다. 느림의 경제학인 슬로시티 운동이 농촌에 필요한 이유이다.

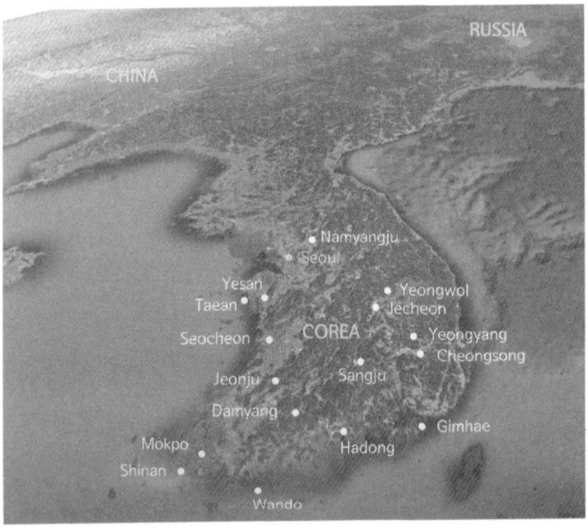

출처: 손 안의 슬로시티

우리나라 농촌의 슬로시티운동이 성공하기 위해서는 자연환경보존과 농촌문화의 전통을 잘 보전하여야 한다. 무엇보다 중요한 요소는 공동체의 조화다. 이탈리아 초기 슬로시티인 인구 1만 4,000여 명의 작은 도시인 그레베 인 키안티 지역은 지속적인 인구 감소와 고령화로 활기를 잃어가는 작은 농촌이었다. 포도농사와 올리브 농사로 근근이 살아온 농촌지역을 살리기 위해 지역행정 책임자는 과거로의 회귀를 선택했다. 대도시가 문명의 발전 속도를 따라가야 하는 Fast City 전략이라면, 농촌은 인간의 삶의 질과 자연환경을 보존하는 Slow City 전략으로 상호 교환을 통한 공존을 모색했던 것이다. 행정책임자의 철학을 바탕으로 현대식 새로운 건물 건축의 허가를 불허하고 오래된 낡은 건물을 수리해서 사용하도록 하였고, 집집마다 작은 냉장고로 충분할 정도로 지역에서 생산된 건강한 먹거리를 이용하도록 하였다. 또한 코가콜라, 햄버거 등 인스턴트식품은 팔지도 먹지도 않았고, 이 지역의 대표 농산물인 포도를 이용하여 전통방식으로 와인을 만들고, 올리브유를 만들었다. 대기업의 자본이 지역경제를 장악하는 일이 없도록 하여 지역 골목상권이 살아났다. 당시 작은 농촌의 시장이었던 Paolo Saturnini(파올로 사투르니니) 시장은 이탈리아 지역에서 먼저 일어났던 슬로푸드운동을 기반으로 도시에서 바쁜 삶을 살아가면서 받은 피로를 풀 수 있는 공간을 제공하여 인간의 삶의 방식에 변화를 주고, 콘크리트의 삭막함과 자동차의 매연 속에 살아가는 도시민들에게 자연친화적인 환경이 있는 곳으로 찾아올 수 있는 농촌을 만들어야 한다는 확고한 믿음이 있었다. 하지만 도시화를 따라가던 지역민들의 불편함은 강한 반발로 나타났다. 하지만 행정책임자의 확고한 철학과 지속적인 설득 그리고 구체적이고, 체계적인 행정력을 동원하여 일관성 있는 정책을 지속적으로 펼친 결과 슬로시티 지역에서 생산된 농특산물은 건강하게 생산되었다는 믿음으로 비싸게 팔려나갔고, 관광객들은 마을이 넘치도록 방문하였다. 그레베 인 키안티의 슬로시티 운동은 어설픈 도시화, 산업화가 아닌 철저한 과거로의 회귀로 농촌의 전통문화를 살려내고, 건강한 식재료를 생산함으로써 도시민들에게 찾고 싶은 농촌을 만들어 도시민들과 농민들이 각자 추구하는 재화와 용역을 교환함으로써 경제의 순환을 이루어 함께 잘살아가는 건강한 운동으로 발전시켜 나갔다. 저자도 키안티 클라시코 와인을 즐겨 마신다.

우리나라 농촌이 과거로의 회귀를 통한 경제적 부를 누리기 위해서는 무엇보다도 행정책임자의 철학과 지속가능하고 일관성 있는 정책이 요구된다. 과거로의 회귀는 하루아침에 이루어지지 않는다. 10년 이상 장기적인 계획을 가지고 추진해야 성공의 실마리를 찾을 수 있다. 우리나라 지방자치단체들은 장기적이고 지속적인 정책에는 별 관심이 없다. 단기성 성과에 집중한다. 결과적으로 산업화 이후 우리나라 농촌에 투입된 농정예산 수백조 원은 각종 토목공사와 지역환경에 맞지도 않는 성공한 해외사례들을 가져다가 관광단지화하면서 만들어놓은 흉물들만 남기고 다시 도시로 흘러들어가 버리고, 농촌사회는 공동화, 피폐화되고 있다. 농촌지역의 행정책임자들은 지속가능한 농촌경제발전보다 짧은 시간에 가시적인 치적사업에 농정예산을 대거 투입하는 현상이 수십 년 동안 반복되어 온 결과로 농촌지역에 어설픈 도시화와 어설픈 산업화 잔재들만 가득 만들어 놨다. 최근에 농촌사회는 젊은 인력들이 들어오고, 행정책임자들의 노력으로 잘 사는 농민들이 대거 나타나고 있지만 아직도 농촌은 특색있는 문화보다 경제적 부만을 추구하는 경향이 강하다. 지속가능한 농촌의 발전과 농민들의 경제적 부를 창출하기 위해서는 각 지역마다의 특색있는 농촌으로 만들어나가야 한다.

그레베 인 키안티에는 실업자가 없다. 모든 지역민들이 직업이 있다. 소득수준도 높고, 찾아오는 도시민들은 증가하고 있지만 범죄율은 이탈리아 전국 최저수준이다. 전통방식의 유기농법으로 농작물을 생산하기 때문에 이제는 세계적으로 유명한 농특산물들도 많다. 대표적으로 Chianti Classico (키안티 클라시코)와인은 우리나라에서도 인기 있는 레드 와인이다. 이뿐만 아니라 이 지역에는 돼지 뒷다리로 2년 동안 숙성시켜 만든 전통방식의 햄인 프로슈토가 있다. 영국의 엘튼 존이 단골인 소고기 예술장인의 정육점에는 유럽 여러 나라에서 찾아오는 고객들로 항상 붐빈다. 슬로시티가 추구하는 지역특색이란 그레베 인 키안티, 오르비에토와 같은 초기 슬로시티 도시들의 특색을 이야기한다.

Greve in Chianti

우리나라 해외여행 경험자들은 누구나 알고 있는 패키지여행은 너무나 보편화된 여행방식이다. 해외 유명 관광지마다 깃발 들고 뒤를 따르는 여행은 버스 타고 이동하는 거리가 여행지에서 머무는 시간보다 많다. 이런 사진찍기 바쁜 여행은 이제 Slow Tourism을 추구하는 이들에게는 인기가 없다. 슬로투어를 추구하는 여행객들은 한곳에 오랜 시간 머물면서 지역의 고유한 문화와 음식 그리고 환경을 즐긴다. 슬로투어리즘은 새로운 여행 트렌드로 자리 잡아가고 있다.

아시아 최초의 슬로시티로 선정된 완도군 청산도를 비롯해 2020년 우리나라도 16개의 시 · 군이 슬로시티로 지정되었다. 완도군의 청산도 섬길과 국내 최대 전복생산지 그리고 바다의 다양한 해조류 등 슬로시티로서 충분한 자연환경과 전통음식이 있다. 과제는 전통문화와 특산품질의 개발 그리고 슬로시티를 찾는 관광객들에 대한 서비스의 질이 성패를 가를 것이다.

이외에도 하동의 악양면, 담양의 죽림, 신안의 염전, 충남 예산, 한강 상류의 남양주, 한옥의 거리 전주, 상주의 곶감, 청송의 주산지, 영월의 김삿갓, 제천의 청풍호반, 태안반도의 해변, 영양의 음식디미방, 경남 김해, 서천의 소속주, 목포의 유달산 등 저자는 우리나라 슬로시티로 선정된 시 · 군 지역이 이탈리아 그레베 인 키안티와 같이 지속적이고 일관성 있는 정책으로 먼 미래에 잘사는 농촌으로 발전하여 나갈 것이라고 확신한다.

cittaslow rete internazionale delle città del buon vivere
international network of easy-living cities

국제슬로시티 Europe 분포(2020.6월 현)
:Italia(86), Austria(3), Belgium(7), Denmark(2),
Finland(1), France(10), Germany(21), Great Britain(5),
Netherland(11), Hungary(1), Ireland(1), Norway(3),
Poland(31), Portugal(4), Spain(9), Sweden(1),
Russia(1), Iceland(1), Turkistan R.N Cyprus(5)

構造와 構成
국제슬로시티 Oceania, Aprica
S. America 분포현황(2020.6월)
Australia(3), N, Zeland(1), S,
Africa(1)

국제슬로시티 2020.6. 현
30개국 267개 중소 도시에서
활발하게 활동 중에 있다.

專門委員
박영일 박사 (주)HD ENI 무역회사 대표
국제슬로시티 U.S.A(2), Canada(4)

국제슬로시티 Asia 분포현황(2020.6. 현)
Korea(16), China(12), Japan(2), Taiwan(4)

슬로시티의 핵심에는 슬로푸드가 있다. 각 나라의 전통식품은 대표적인 슬로푸드이다. 우리가 전통식품으로 생각하는 대부분의 식품은 발효식품이다. 그 발효식품들 가운데는 오랜 시간 저장이 필요한 식재료를 숙성시켜 보관했던 옛사람들의 지혜가 담겨 있다. 발효식품 중에는 발효과정에서 발생하는 미생물의 변화로 심한 악취가 나는 식품들이 많다. 우리나라의 삭힌 홍어를 비롯하여 그린란드의 키비악, 중국의 취두부와 피단, 유럽의 치즈, 일본의 쿠사야 그리고 아이슬란드의 전통음식 하우카르틀 등 다양한 나라에서 악취로 소문난 수많은 음식들이 있다. 세상에서 가장 악취나는 음식으로 손꼽을 정도로 악명이 높은 발효식품들을 소개한다.

세상에서 가장 악취나는 음식들

세상에는 코가 괴롭지만 입이 포기할 수 없는 음식들이 있다. 오랫동안 선조들로부터 물려받은 이 음식들은 생존을 위한 음식을 장기보관하기 위한 가장 지혜로운 음식들이기도 하다. 대부분의 악취나는 음식들은 발효식품이다. 발효식품이란 유산균 또는 효모 그리고 다양한 미생물들이 발효과정을 거쳐 만들어진 식품들이다. 고대부터 전해 내려온 발효식품들은 저장시설이 없었던 옛 선조들의 지혜 또는 우연한 과정에서 발견된 저장식품들이다. 발효와 부패의 차이는 각종 미생물이 발효되는 과정은 같으나 먹거리의 유해성에 따라 구분된다.

그린란드 이누이트족의 음식 Kiviak

세상에서 가장 악취나는 음식 가운데 혐오스러움을 느끼게 하는 음식은 Kiviak이다. 그린란드 이누이트 사람들의 발효음식으로 코를 찌르는 악취가 대단하다. 바다표범 가죽 속에 바다쇠오리 또는 북극뇌조새 수백 마리를 넣고 7개월 정도 돌무덤 속에서 발효시킨다.

키비악을 먹는 법은 몬도가네 그 자체다. 잘 발효된 바다표범을 꺼낸 후 속에 넣어두었던 새의 털을 뽑아내고 항문에 입을 대고 잘 삭은 새의 내장을 쭉쭉 짜내서 먹는다. 이후 살코기를 먹는데 이때 새의 뼈도 잘 삭아 있어 함께 먹는다. 새의 털을 제외한 모든 부위를 통째로 먹는 셈이다. 경우에

그린란드 이누이트 사람들의 Kiviak과 음식 제조법

따라서는 다른 익은 고기의 드레싱으로 함께 먹기도 한다. 이 음식을 식탁에 두면 토할 것 같아 다른 음식마저 먹을 수 없을 정도이지만 이누이트 사람들에게는 생존을 위해 필수적인 탄수화물과 비타민을 섭취할 수 있기 때문에 아주 귀중한 음식이다.

스웨덴의 Surstromming(청어 통조림)

어획량이 너무 많아 골치 아픈 생선 중 하나가 청어다. 전어와 비슷하지만 보다 날렵하게 생긴 청어는 여러 나라에서 다양하게 요리되지만 냉동과 가공기술의 발달로 특히 스웨덴 Surstromming이 단연코 제일 유명한 음식으로 자리 잡았다. 이 음식은 세계에서 가장 악취나는 음식 1위로 선정되기도 했다.

스웨덴의 Surstromming(청어 통조림)은 청어를 발효시킨 스웨덴 전통음식인데 그 악취와 역겨움이 우리나라 홍어와 청국장은 달콤한 향기 수준이다. 스웨덴을 비롯한 북유럽은 날씨가 너무 추워 바닷물로 소금을 만들기가 어려워 염장할 수 없어 바닷물 그대로 통조림을 가공하여 청어를 숙성시켰다. 낮은 염도 때문에 통조림 속에서 오랜 기간 발효되어 살균효과를 내지만 발효과정에서 엄청나게 생선 썩는 역겨운 냄새가 나는 음식이다. 스웨덴 사람들은 청어 통조림으로 샌드위치를 만들기도 하고 우유 등 기타 음식들과 함께 먹는다. 이 통조림을 오픈할 때는 집게로 코를 막고 먹는 사람들도 있다. 무엇보다도 청어 통조림을 오픈한다고 이웃집에 반드시 통보해야 하는 요리이다.

이와 비슷한 음식이 북유럽에 있다. 바로 Lutefisk(루테피스크)다. 딱딱할 정도로 건조시킨 대구를 7일 동안 매일 깨끗한 물에 담가두기를 반복하여 건조된 생선을 불리다가 3일 정도 자작나무 태운 잿물에서 숙성시키면 아미노산이 분해되어 부피가 커지면서 톡 쏘는 맛이 난다. 잿물에서 꺼낸 후에는 반드시 깨끗한 물에 다시 며칠 동안 담가두어야 젤리같이 탄력 있는 식재료가 완성된다. 이 음식은 한국의 삭힌 홍어처럼 톡 쏘는 맛과 함께 생선 비린내가 아주 역겹다. 바닷물로 삭혀서 염도가 낮고 풍부한 단백질과 비타민 그리고 셀레늄을 함유하고 있다. 이 음식은 북유럽 출신들에게는 언제나 향수를 느끼게 한다. 보통 삶은 감자 또는 바삭하게 구운 베이컨 등과 함께 먹는다.

스웨덴의 Surstromming(청어 통조림)과 북유럽의 Lutefisk(삭힌 대구)

아이슬란드의 전통음식 Haukartl

아이슬란드 전통식품인 하우카르틀은 상어고기를 스페인의 하몽처럼 5개월 전후로 잘 발효시켜서 만들어낸 장기 저장식품이다. 대부분의 발효저장식품이 그렇듯이 썩은 암모니아 냄새가 지독하다. 상어에는 Urea성분이 다량 내포되어 있어 분해과정에서 심한 암모니아 냄새를 풍긴다. 대부분의 상어고기는 이 암모니아를 제거한 상태에서 상품으로 출하된다. 하지만 아이슬란드의 하우카르틀은 상어를 잡은 후 암모니아를 제거하지 않고 덩어리로 잘라 건조장에 걸어놓고 수개월 동안 발효과정을 거친 전통식품이다.

하우카르틀 건조장 내부는 일반인들은 바로 토할 정도로 악취가 심하다. 우리나라 홍어는 향기로운 수준이다. 상어고기는 독성이 심해 바로 먹지 못한다. 인위적으로 암모니아를 제거하거나 발효과정을 통해 독성을 분해하여 먹었던 옛사람들의 지혜가 가미된 식품이다. 발효과정은 잡은 상어의 내장을 제거한 후 자갈이 있는 모래 땅속에 3개월 정도 묻어서 숙성시킨 후에 다시 꺼내 적당한 크기로 자른 후 건조장에서 다시 수개월을 더 건조시킨다. 겉면은 스페인의 하몽처럼 각종 성분이 배어나와 검노란색으로 부패된 듯하지만 겉을 제거한 후 잘게 썰어 진공포장 또는 통조림으로 판매한다. 이 식품은 아이슬란드에서는 진공포장으로 또는 통조림으로 일반 마트에서 쉽게 살 수 있는 보편화된 기호식품이다. 식전 진재요리 또는 술안주로 많이 소비되고 높은 도수의 술과 함께 먹는다. 웬만한 식도락가가 아니라면 입속에 넣지 마시라.

아이슬란드 하우카르틀을 건조하는 과정

일본의 쿠사야

일본의 대표적인 악취음식으로 고등어, 전갱이, 날치 등을 쿠사야 액젓으로 절여서 건조시킨 음식이다. 갈고등어 쿠사야가 인기가 있다. 도쿄도 이즈섬의 특산품이다. 쿠사야 액젓은 과거 비싼 소금을 절약하기 위하여 염도를 낮게 한 항아리에 생선 씻는 과정을 반복적으로 오랫동안 하면서 항아리의 물이 자연스럽게 발효되어 만들어진 일종의 액젓이다. 심한 악취를 풍겼지만 상하지는 않아 갈고등어 등 생선을 하루 정도 재운 후에 꺼내서 건조시키면 맛 좋은 쿠사야가 만들어진다. 쿠사야 액젓의 염도가 8% 정도를 유지하여 부패하지는 않는다. 우리나라 씨간장처럼 수 대를 거쳐 내려오는 쿠사야 액젓이 있다. 아세트산의 농도가 높은 쿠사야 액젓에 재운 등푸른 생선류는 심한 악취로 코와 주변 사람들에게는 고통이지만 아미노산이 풍부하여 감칠맛이 나고 영양 또한 풍부하다. 조리법 또한 아주 간단하다. 우리나라 북어처럼 노릇하게 구워내기만 하면 훌륭한 술안주로 애용된다. 최근의 쿠사야는 우리나라 과매기 정도의 냄새로 현대인들이 접근 가능하도록 개량되어 만들어지기도 한다.

일본 쿠사야

취두부

처우더우푸(臭豆腐)는 새우 등 해산물과 육류, 채소, 허브, 각종 약재를 끓인 후 1년 이상 소금물에 발효시켜 악취나는 발효액을 만든다. 대부분의 발효음식이 선조들의 실수 또는 우연에서 발견된 맛인 것처럼 취두부 또한 청나라 때 두부장사의 상한 두부를 처리하는 과정에서 우연히 만들어졌다고 한다. 취두부를 만드는 방법은 두부를 깍두기처럼 먹기 좋게 썰어서 발효액에 절인다. 발효액의 원재료 또는 숙성시간에 따라 취두부의 색이 누런색, 흰색, 검은색으로 구분된다. 검은색 취두부가 특히 심한 발 꼬린내 나는 악취에도 불구하고 그 맛이 특이해서 중국 전역에서 길거리 음식으로 유명하다. 우리나라 사람들에게 청국장 끓이는 냄새가 구수하듯이 중국인들에게는 취두부를 요리하는 냄새가 구수하게 입맛을 돋우는 냄새로 느껴진다고 한다. 취두부는 중국 각 지역마다 조금씩 다르게 맛을 낼 정도로 다양한 제조와 요리방식이 있다. 대개 바삭하게 기름에 튀긴 후 고추기름 등 양념장에 찍어 먹는다. 취두부의 겉은 바삭하고 속은 아주 부드럽다. 취두부는 양꼬치와 함께 대표적인 중국의 길거리 음식이다. 중국을 방문한다면 꼭 먹어봐야 할 음식 중 하나다.

중국의 취두부

삭힌 홍어

전 세계에서 버려지는 생선류인 홍어는 유독 우리나라에서 아주 비싼 값에 팔려 나간다. 남미에서는 쓸모없는 생선으로 취급되다가 최근에 우리나라에서 대량으로 수입하여 비싼 값으로 팔려 나간다. 우리나라 전역에서 잡히는 생선으로 각 지역마다 홍에, 간재미, 간쟁이, 물개미 등으로 불리지만 뭐니 뭐니 해도 전라도 지역에서 잡히는 홍어와 참홍어가 최고인 이유는 호남지역에서 홍어요리가 다양하게 잘 발달되었기 때문이다. 흑산도 홍어는 물량이 극소수라 대부분 남미의 칠레산 홍어가 보편적으로 유통되고 있다. 홍어는 홍어찜, 홍어무침, 홍어삼합 등 다양한 요리가 있는데 바다에서 잡는 즉시 회를 먹으면 아주 향긋하니 그 맛이 일품이다. 삭히지 않은 홍어회는 누구나 먹을 수 있을 정도로 맛이 있다.

제대로 삭힌 홍어는 숨을 쉴 수 없을 정도로 코를 찌르는 냄새로 세계적으로 악취음식으로 정평이 나 있다. 홍어 체내에 있는 요소성분이 발효과정에서 암모니아로 변하여 나는 냄새다. 아이슬란드의 하우카르틀도 같은 발효방식이다. 삭힌 홍어의 유래는 흑산도에서 잡은 홍어를 영산포까지 운반하는 과정에서 과거 오랜 시간이 걸려서 자연스럽게 삭혀진 맛이 좋아 숙성법을 발

전통 홍어 삼합

달시켜 오늘날까지 이어져 오고 있다. 삭힌 홍어를 먹을 땐 코를 쏘는 순간을 잘 견뎌야 하고 입안이 헐 정도로 독한 암모니아 냄새를 잘 참아내야만 먹을 수 있다.

두리안

동남아시아의 대표적인 악취음식으로 화장실 냄새가 난다. 7~8월에 익는 과일로 그 맛이 좋아 과일 중의 제일로 여긴다. 동남아시아 열대지방에서 자라는 과일나무로 그 높이가 40미터나 된다. 두리안 나무는 여러 종류가 있다. 같은 밤이 생산되지만 토종밤처럼 알이 작은 나무와 알이 굵은 밤나무가 있듯이 두리안은 속이 하얀 열매가 있고 노란 열매가 있다. 두리안은 영양이 풍부하고 칼로리가 높은 과일이다. 비타민 C가 많고 항산화작용을 하는 성분이 풍부하여 노화방지에도 좋은 과일이다. 칼륨이 많아 나트륨 배출에 좋고 이뇨작용효과도 있다. 식이섬유성 과일로 변비 해소에도 도움이 된다. 이처럼 두리안은 과일 중에 가장 으뜸으로 여겨지는 과일이다. 다만, 지독한 냄새 때문에 호텔, 지하철 등 공공장소에 가지고 타면 벌금을 물 수 있을 정도다.

피단(皮蛋)

중국음식으로 오리알, 계란 등을 흙과 재, 소금, 석회 그리고 쌀겨와 섞

어 2개월 이상 숙성시킨다. 잘 숙성된 알은 노른자가 까맣고 윤기가 나고, 흰자는 투명한 갈색 젤리처럼 탱글탱글하다. 냄새는 계란 썩는 냄새로 그 정도가 심하다. 잘 숙성된 피단의 껍질을 벗기면 소나무 꽃처럼 모양과 색깔이 난다고 해서 송화단(松花)이라 불리기도 한다. 옛날에는 식품의 운송수단이 좋지 않아 잘 발효되어 숙성된 식품을 장기간 보관하고 이동하기 위한 수단으로 저장식품을 만들기도 했다. 피단은 그런 과정에서 만들어진 식품으로 냄새가 심하지만 잘 숙성된 피단의 노른자위는 고소한 맛이 무척 진하게 배어난다. 피단은 심한 냄새로 상차이, 마늘 그리고 붉은 고추, 간장, 식초, 고추기름으로 만든 양념에 찍어 먹는다. 중국의 도수 높은 백주 안주로 잘 어울린다.

꼬랑내 심한 치즈 모음

프랑스 뷰 블로뉴 치즈

치즈 중 가장 고약한 냄새로 선정될 정도로 악취나는 치즈로 유명하다. 치즈를 발효시킬 때 맥주를 표면에 드레싱하듯 끼얹는다. 맥주와 효소가 발효되는 과정에서 심한 악취를 생산한다. 이 치즈는 생산량이 아주 극소량으로 희귀한 치즈제품이기도 하다. 만드는 과정에서 8주 정도일 때 악취가 가장 심하게 난다.

Bouletee d'Avesnes(블레트다벤느) 치즈

허브가루를 발라 3개월 내외로 숙성시킨 치즈로 악마의 음식으로 불릴 만큼 그 악취가 심하다. 프랑스 북부지방에서 생산되는 치즈로 프랑스 사람들마저 호불호가 나뉠 만큼 고약한 냄새가 난다.

벨기에 Limburger 치즈

벨기에 리에쥐 지역에서 생산되는 치즈로 심한 꼬랑내로 유명하다. 이 치즈는 벨기에를 대표하는 치즈로 양파와 함께 빵에 얹어 먹기도 하고 흙맥주 안주로 인기가 좋다.

이외에 이루(Iru), 아프리카 로커스트, 몽골의 마유주, 뉴질랜드 에피큐어 치즈, 콩을 발효시킨 음식 등 세상에는 악취나는 다양한 음식들이 있다.

세계외식기행

동경과 미지의 나라 쿠바

The Caribbean Menu

동경과 미지의 나라 쿠바

The Caribbean Menu

Catedral de La Havana 대성당에서

카리브해의 낭만과 열정 그리고 순수함이 존재하는 나라 쿠바는 수도 아바나를 중심으로 천백만의 인구에 혼혈인 51%, 백인 37% 그리고 흙인 등으로 구성되어 있다. 공산국가이지만 스페인의 영향으로 가톨릭이 대부분을 차지한다. 수백 년 전에 건축된 아바나의 대성당은 라틴아메리카의 가톨

릭성당 중 가장 아름다운 성당으로 아바나의 상징적 건축물이다.

쿠바 경제에서 빼놓을 수 없는 농작물이 사탕수수이다. 전 국토의 25%가 사탕수수를 재배하고 쿠바 수출품의 75%가 사탕수수에서 나온다. 이외에도 세계 최고의 품질인 아바나 시가 등이 있다. 쿠바의 농업은 화학비료를 거의 사용하지 않는 유기농업으로 잘 알려져 있다. 우리나라의 이민자들이 멕시코의 사탕수수 농장에서 1921년 쿠바의 사탕수수 농장으로 이동하면서 아직도 한국의 피가 흐르는 나라이기도 하다.

헤밍웨이가 묵었던 아모스문도스 호텔과 스카이라운지 바에서

쿠바의 화폐유통은 특이하다. CUP와 CUC로 나눠 두 종류의 화폐를 사용한다. 1CUC = 1 US$다. 이 두 화폐의 가치는 무려 20배 이상이나 차이가 난다. 대부분의 CUC를 사용해야 하는 쿠바 관광객들은 선진 여느 나라의 물가와 비슷한 수준으로 느낀다. 저자도 호텔, 레스토랑, 관광가이드 등에게 지불해야 할 물가지수는 선진국 수준이었다.

우리에게 쿠바는 수도 아바나보다 헤밍웨이를 주제로 한 "노인과 바다" 영화로 더 잘 알려져 있다. 쿠바에서 헤밍웨이의 위상은 대단하다. 저자는 헤밍웨이 박물관을 직접 방문하여 그 숨결을 느낄 수 있었다. 아바나 수도에서 멀지 않은 장소에 헤밍웨이가 살았던 집이 있다. 현재는 박물관으로 잘 보존되어 있다. 또한 헤밍웨이가 머물렀던 호텔 "AMOS MUNDOS HOTEL" 방도 박물관화되어 잘 보존되어 있다. 저자는 헤밍웨이의 발자취를 따라 거주하던 집과 호텔 그리고 자주 방문하였던 바에서 즐겨 마셨던 모히토와 다이키리를 마시면서 쿠바인들과 헤밍웨이의 삶의 고뇌와 행복을 함께 느낄 수 있었다.

헤밍웨이 사저가 있던 박물관과 즐겨 찾던 바에서 모히토와 다이키리를 마시는 저자

고급 레스토랑은 서구식 서비스와 테이블문화지만 쿠바만의 레시피 요리

쿠바 아바나에서
주문한 정통 모히토!

쿠바인들이 만든 럼주는 사탕수수 증류수이다. 오늘날 전 세계에서 100여 가지나 되는 칵테일 주재료는 바로 쿠바의 럼주로 만들어진다. 쿠바의 대표적인 칵테일은 헤밍웨이와 함께 널리 알려진 모히토와 다이키리다. 모히토는 럼주를 기본으로 라임, 애플민트와 시럽 그리고 탄산수와 함께 만들어 상큼하면서 애플민트의 향이 청량감 있게 코를 자극한다. 다이키리 칵테일 또한 세계인들이 즐겨 마신다. 저자는 헤밍웨이가 즐겨 찾던 바에서 쿠바의 전통 다이키리 칵테일의 맛을 봤다. 모히토와 다이키리는 헤밍웨이의 칵테일임을 실감할 수 있었다.

쿠바의 음식문화는 400년 동안 스페인의 영향을 받다가 아프리카 흑인노예의 음식문화 그리고 독립 이후

미국 음식문화의 영향을 받았다. 최근에는 중국요리의 영향을 받은 메뉴들이 많아지고 있다. 하지만 최근의 쿠바 음식문화는 서구의 서비스와 쿠바만의 독특한 식재료를 가지고 서구식 테이블문화를 다양하게 나타내고 있다.

쿠바 가정식은 과일과 채소 그리고 마늘을 곁들인 고기요리, 삶은 콩에 쌀요리를 주로 먹지만 대부분이 조미료가 없는 식재료의 맛을 그대로 느낄 수 있는 건강식이다. 저자가 쿠바의 가정에 초대받아 정통 쿠바 가정식 요리를 먹었다. 쿠바의 가정식 요리는 접시 하나에 쌀과 고기 그리고 야채를 내놓는다. 아주 간단하지만 아무런 조미료가 가미되지 않은 식재료 본연의 맛을 느낄 수 있어 건강에는 좋은 음식들이었다.

쿠바 아바나 가정식 요리를 정성스럽게 만들어주신 아주머니

쿠바 아바나에서 젊은 부부의 가정에 초대받아 대접받은 정통 쿠바 가정식

카리브해, 쿠바의 올드카, 아바나클럽 그리고 쿠바의 색채

쿠바의 관광지 레스토랑에서

체게바라의 집

쿠바의 관광명소에서

세계외식기행

Wine & Table

테이블 매너의 중요성

Wine & Table

테이블 매너의 중요성

와인 생산국은 수천 년의 전통과 문화가 있는 유럽대륙과 수백 년에 불과한 아메리카 대륙의 신생 와인으로 분류한다. 탈무드에서 아담과 이브의 에덴동산 과일이 사과가 아니라 포도였다는 말이 있을 정도로 유럽대륙은 와인의 역사와 함께한다. 구약성서 대홍수 이후 노아가 방주에서 내려 심은 포도나무가 오늘날 포도주의 기원이고, 인간역사에서 가장 처음으로 술에 취한 사람도 노아였다. 이러한 이유로 와인의 아버지는 노아라는 설이 있을 정도다. 실제로 와인은 고대 종교와 아주 밀접한 관련이 있다. 유대교, 기독교, 이슬람교의 교리나 종교의식에서 포도주가 의미 있게 등장하고 있다.

와인의 어원

와인을 뜻하는 프랑스어 Vin(뱅)과 라틴어 Vinum(비눔)은 그리스어 Woinos가 어원이다. 또한 그리스어 Woinos는 인도유럽어 Wyn이 어원으로 추측되고 있다. 여러 고대 언어에서는 이들 어근을 이용해 와인이라 부른다.

나라별	와인명
미국	Wine
독일	Wein(바인)
네덜란드	Wijn(바인)
프랑스	Vin(뱅)
이태리 / 스페인	Vino(비노)
포르투갈	Vinho(비뉴)
러시아	BNHO(비노)
라틴어	Vinum(비눔)
히브리어	יין(야인)

와인의 역사

BC 7000년 무렵 포도나무가 최초로 경작된 장소는 조지아, 아르메니아, 터키 북동부 지역인 티그리스강과 유프라테스강 주변이었다. 노아의 방주가 멈춰 선 바로 그 유역이다. 이 지역을 시작으로 고대 그리스, 고대 로마 그리고 이베리아와 프랑스 등 유럽 전역으로 포도나무 경작과 와인 양조법이 퍼져 나갔다. 최초의 와인 문명의 시작은 메소포타미아의 수메르인들로 기록되고 있지만 진정한 와인 문명은 이집트인들이 성스러운 술로 숭상하면서 시작되었다. 이후 다양한 종교의식에서 포도주는 성배로 여겨지기 시작하였다. 포도주의 성배의식은 구약성서에 포도주가 무려 140여 회나 언급될 정도로 유대민족에서 절정을 이룬다. 예수 그리스도가 최초로 물로 기적을 이룬 술이 포도주다. 메소포타미아 지역에서 지중해 지역으로 이동한 반유목민이었던 유대인들이 와인을 종교문화에 통합하였다.

포도주의 이동은 목축업과 함께 살아온 유대인들이 가축의 가축으로 만든 부대(負袋)를 이용하여 먼 거리까지 운송이 가능해짐으로써 대중화되기 시작하였다. 하지만 와인의 본격적인 이동은 1642년 영국에서 유리병이 만들어지고, 코르크 마개가 발명된 후부터다. 이후 와인은 오랜 기간 동안 숙성이 가능하였고, 먼 거리까지 유통은 일상화되기 시작하였다. 이후 18세기 초부터 와인산업이 본격화되었다.

Krater(크라테르) 와인 희석용기

Kylix(킬릭스) 와인잔

그리스문명 시대에 와인은 병과 잔을 만들어 이용함으로써 연회장에서 와인을 맛보는 기술, 즉 문화가 만들어지기 시작하였다. 고대 그리스의 와인 양조기술은 오늘날과 비슷할 정도로 발달되어 있었고 아프리카, 페르시아, 이탈리아 등 흑해 주변과 지중해 주변 나라들까지 와인을 거래하는 무역이 발달하였다. 헬레니즘 시대에 그리스신화에는 포도주의 신 "디오니소스"가 언급될 정도로 와인은 그리스인들의 예술, 문화 등 그리스문명에 깊이 파고들었다는 사실을 알 수 있다.

로마문명시대로 넘어오면서 "바쿠스"가 포도주의 신, 축제와 연극의 신이 되어 와인문화를 한층 발달시켰다. 와인의 장기 숙성법이 발달하고, 와인 브랜드가 생겨나 와인의 소비가 폭발적으로 성장하였다. 로마인들은 19세기의 와인 양조법과 재배법이 비슷할 정도로 와인은 로마문명과 함께 발전해 왔다.

와인이 기독교 문명과 결합하면서 세계로 퍼져 나가는 계기가 되었다. 예수님이 물을 포도주로 만드는 기적은 와인 없이는 연회를 베풀 수 없었다는 증거이기도 하다. 예수님의 "최후의 만찬"에 포도주가 성배가 됨으로써 와인은 기독교와 함께 전 세계로 퍼져 나갔다. 385년 동 · 서 로마제국으로 분리된 후 게르만족의 대이동으로 서로마제국이 무너지고, 포도농장과 양조장은 황폐화되고 있을 때 주교들이 도시의 행정관으로 임명되면서 로마 가톨릭 수도원에서 와인재배와 양조 그리고 유통까지 담당하면서 와인은 기독교 교회에 엄청난 부를 축적하는 수단이 되었다. 오늘날 "Chateau(샤토)"가 붙은 브랜드는 로마 가톨릭 수도원 소속 수도사의 이름에서 유래된 사실에서 알 수 있듯이 와인의 역사는 이렇게 기독교의 역사와 일정을 같이하게 된다.

시라와 시라즈 와인은 로마 가톨릭의 한 분파였던 페르시아문명에서 태어났고, 오늘날까지 유명한 포도품종으로 전해진다.

7, 8세기 이슬람교의 탄생은 예언자 무하마드의 계시로 인해 이슬람종교가 퍼져 있는 중동지역에서는 마셔서는 안 되는 음료가 되었지만, 그렇다고 포도농장과 양조장이 사라진 것은 아니었다. 이슬람지역의 와인은 생산되어 기독교 지역으로 유통되어 부의 원천이 되었다. 이슬람교 체제하에서 생산되는 가장 유명한 와인은 "그랑 크뤼"다. 에게해의 산토리섬에서 생산된다.

화이트 와인을 대표하는 포도의 품종에는 샤르도네(Chardonnay), 소비농 블랑(Sauvignon Blanc), 리슬링(Riesling)이다. 샤르도네는 프랑스 본(Beaune)의 북쪽 시토 수도원의 한 곳인 샤블리에서 처음 재배된 것으로 추측되고, 참나무 향기가 물씬 풍기는 오크통에서 숙성된다. 리슬링 와인은 라인강 인근 당대 제일의 포도원이었던 라인란트의 에버바흐 수도원에서 명성을 얻기 시작하여 오늘날 독일의 대표적인 화이트 와인이 되었다. 피노 와인은 부르고뉴에서 생산되는 향이 매혹적인 와인이다.

오늘날 세계의 와인창고는 프랑스, 스페인, 이탈리아, 독일 등 서유럽지역이다. 물론, 최근에는 아메리카대륙의 와인이 훌륭한 품질을 바탕으로 가성비가 좋아 세계 와인시장을 잠식해 가고 있다.

와인의 역사에서 포도주가 유럽대륙 전체에서 아주 귀중한 음료로 대우를 받았지만, 동양의 문명에서는 그다지 중요한 위치를 차지하지 못했다. 고대 인더스문명을 알렉산더 대왕이 정복하여 와인이 전파되었지만 크게 퍼져 나가지는 못했다. 인도문명과 황하문명에서는 기후 풍토가 포도재배에 적합하지 않았을 뿐만 아니라 이미 다양한 과일주들이 만들어지고 있었기 때문이다. 또한 불교문화의 영향을 받아 쌀로 만든 좋은 발효 술들이 있었기 때문이기도 하였다. 7세기 당나라에서 포도주는 황실에서나 맛볼 수 있는 음료에 불과했다. 8세기 지나 포도나무는 일본에까지 전파되었지만 단지 신선한 과일로 소비될 뿐 술로 만들어져 대중화되지는 않았다. 오늘날에도 동양에서 포도주 생산은 극히 드문 현상이다. 동양에서 와인이 가장 활발하게 전파된 곳은 페르시아문명의 영향을 받은 중앙아시아, 우즈베키스탄, 아프카니스탄, 신장위구르 지역이다.

21세기 초 중국에서 와인시장이 빠르게 성장하는 이야기는 새로운 소비시장이 만들어지고 있을 뿐 와인의 역사와 문화와는 큰 관련이 없다. 하지만 향후 중국의 와인 소비는 전 세계 와인 생산국에 희소식이 될 것이다.

신대륙의 와인

초기 아메리카대륙의 와인은 콜럼버스의 신대륙 발견 이전에 이미 토종 포도나무를 재배하고 있었다. 이를 기반으로 개량된 품종이 개발되어 최초의 미국산 와인인 "카토바"가 노스캐롤라이나에서 탄생한다. 이후 오하이오주에서 대량의 포도재배를 시작하였다. 신시내티는 미국 최초의 토종 와인 생산지가 되었다. 1842년에 미국 최초로 샴페인이 만들어졌다. 초기 미국 와인의 역사는 동부를 중심으로 생산되어 왔지만 종교적 이유로 캘리포니아에서 와이너리가 발달하여 현재에 이른다. 하지만 아메리카대륙의 와인도 가톨릭 수도회의 영향을 많이 받는다. 초기 미국 대륙의 서부 와이너리는 LA 근교 소노마밸리였다. 캘리포니아 포도원의 아버지로 불리는 헝가리 출신 이고슈톤 허라스티는 캘리포니아 와인의 초석을 다진다. 1850년 이후 나파밸리가 조성되면서 소노마밸리는 쇠퇴하여 19세기 말부터 나파밸리는 미국 와인 생산의 메카가 된다. 하지만 미국에서 종교적인 이유로 금주법이 시행되어 공식적인 와이너리가 쇠퇴하고 가짜 와인이 만들어지는 혼란을 겪었다. 이후 프랑스의 테루아르 개념을 도입한 러시아 이민자 앙드레 첼리체프에 의해 캘리포니아 와인이 재탄생하는 계기를 마련한다. 1970년대 말 미국의 젊은 변호사 "로버트 파커"가 창간한 와인 전문잡지 "파커 가이드"는 와인을 맛, 생산연도, 보관법에 따라 다루는 기술을 대중화하면서 "파커 점수"에 따라 와인의 명성과 가격이 결정되기 시작하였다. 이는 나파밸리 와인이 세계적으로 유명해진 계기가 된다. 1976년 프랑스 파리에서 세계 와인 시음회에서 1위를 차지한 캘리포니아산 레드, 화이트 와인으로 미국의 와인은 세계 와인시장에서 인정을 받는다.

스페인과 포르투갈의 식민지였던 남미대륙은 16세기 이후 유럽산 포도품종들이 다양하게 재배되어왔다. 16세기 멕시코는 카베르네 소비뇽, 칠레는 카르메네르, 아르헨티나는 말벡 품종이 주종을 이루었고, 19세기엔 브라질 메를로, 우루과이에서는 나라라는 품종이 재배되고 있었다. 하지만 남미대륙의 와인은 그 존재감이 없다가 20세 후반부터 소비량 증가와 함께 세계 와인시장에 진출하게 된다.

오늘날 유명한 와이너리가 많은 뉴질랜드는 20세기 이후에나 그 존재감이 나타나기 시작하였고, 영국의 죄수들이 세운 호주 역시 19세기부터 영국, 스코틀랜드 지역으로부터 도입된 포도나무 종자로 와인의 역사가 시작되었다.

"테루아르" 개념이 탄생하여 와이너리마다 독특한 맛을 만들어내는 포도의 품종, 기후환경과 토양, 포도원의 재배와 양조기술 등으로 와인의 맛과 품질 그리고 가격을 결정하였다. 와인의 역사에서 20세기는 진정한 와인문화가 만들어지고, 다양한 풍미와 원산지가 확실한 와인이 만들어지기 시작한다. 1920년 프랑스에서 와인생산지를 엄격하게 규제하는 최초의 법을 만들면서 오늘날 AOC(원산지 통제 명칭)의 기원이 된다. 이후 생산자 상표가 만들어지고 미식가들이 와인을 평가하는 등 위변조로 혼란스러웠던 와인시장은 신뢰를 찾아갔다.

21세기 초 과거 와인의 혁신적 성장은 마무리되고 새로운 와인혁명이 시작된다. 바로 친환경 유기농 와인 생산이다. 1920년대와 1930년대에 태동한 생명역동농업은 포도재배농법에도 그대로 전해진다. 1948년 프랑스 유기농법 선구자들은 "인간과 토양협회"를 만들어 다량의 화학비료로부터 토양을 보호하는 운동을 펼친다. 이후 "자연과 진보연합" 등 다양한 유럽 유기농조직들이 생겨나 지금은 유기농법이 보편화되었고, 프랑스 외 다양한 지역에서 100% 생명역동법 와이너리가 만들어지기 시작하였다. 1991년에 와서 유기농 와인은 라벨에 표시되기 시작하였고, 2012년부터는 유기농 와인의 충족조건이 명시되었다. 1990년 중반에 만들어진 "비오디뱅(Viodyvin)"은 유기농와인을 인증하는 유기농와인 생산자 모임이다. 2016년 유럽대륙에서 유기농 와인 생산수치를 보면 독일 8.1%, 프랑스 8.7%, 오스트리아 13%, 스페인 8.9%, 이탈리아 10.3%다. 국제와인기구 OIV에 따르면 2010년대 말 전 세계 생산 와인의 10%가 유기능 인증을 받은 와인으로 분석되고 있다.

유럽대륙의 대표적인 와인 생산지는 프랑스다. 그리고 독일, 이탈리아, 포르투갈, 스페인, 그리스 등으로 대개 가격이 비싸고 종류가 다양하다. 와이너리에 대한 자부심이 대단하여 전통적인 가문에 따라 와인명을 정한다. 와인 생산이력이 유럽에 비해 짧지만 그래도 좋은 와인을 많이 생산하는 아메리카 대륙은 미국을 비롯하여 아르헨티나, 칠레, 호주, 남아공, 뉴질랜드 등이 대표적이다. 신대륙의 와인은 대개 가격대비 와인의 품질이 우수하다. 대체로 부드러운 맛을 내고 당도가 좋아 세계인들의 입맛을 사로잡고 있다.

와인은 술이 아니라 음식이고, 문화이고, 에티켓이다. 와인을 술처럼 원샷!으로 마시는 무지를 보여서는 안 된다. 일반적으로 와인 매너에 대하여 잘 모르는 경향이 있어 와인을 거부하는 경향이 많다. 우선, 와인 초보자는 맛을 떠나 달콤한 와인부터 시작할 필요가 있다. 타닌이 많이 함유된 와인은 첫맛부터 와인에 대한 거부반응이 올 수 있기 때문이다. 여기에서는 와인의 종류, 와인 고르는 법, 와인 따르는 법 그리고 테이블 매너까지 기본 에티켓에 대하여 알아보고자 한다.

와인의 종류

우선 와인은 Red Wine, White Wine, 그리고 Dessert Wine으로 구분한다. 이외에도 제조법에 따라 스파클링 와인, 블렌딩 와인, 로제 와인, 샴페인 등으로 나눈다.

Red Wine을 만드는 포도의 품종은 400여 종류가 있다. 우리나라에 수입되는 Red Wine은 대부분 여섯 종류의 품종이다. 레드 와인의 맛은 대개 Dry, Full body, Medium, Lite로 표현된다.

Red Wine을 대표하는 품종

카베르네 소비뇽 (Cabernet Sauvignon)	말벡 (Malbec)	메를로/멜롯 (Merlot)
 와인의 황제, 장기 숙성 남성적, Dry Full body 프랑스 보르도	 아르헨티나 우아한 부드러움 짙은 과일향 Full body	 카베르네 소비뇽과 블렌딩 하면 숙성도가 빠르고 거친 맛이 순화된다. 프랑스 보르도, Fat soft
피노누아 (Pinot Noir)	**시라/시라즈 (Syrah/Shiraz)**	**진판델 (Zinfandel)**
 프랑스 부르고뉴 레드 와인의 여왕 빠른 숙성 Medium body	 프랑스, 호주 페르시아 문명 향의 지속성 Hard	 미국 캘리포니아 체리향 신선감 높은 알코올

미국 LA 와이너리에서

카베르네 소비뇽(Cabernet Sauvignon)

국내에 수입되는 Red Wine의 품종을 보면, 프랑스 보르도 지방에서 많이 생산되는 타닌이 강한 Astringent(떫은) 맛이 나지만 와인 마니아들에게 인기가 있는 카베르네 소비뇽(Cabernet Sauvignon) 포도품종이 주종을 이룬다. 와인의 황제로 불리는 카베르네 소비뇽(Cabernet Sauvignon)은 미국 캘리포니아, 호주, 칠레 등 전 세계 마켓의 약 70%를 차지할 정도로 주변 환경에 잘 적응하는 보편화된 와인품종이다. 붉은 색상이 선명하면서 타닌이 강하고 산도가 풍부하여 텁텁하지만 풍미가 매력 있는 남성적인 와인이다. 프랑스 보르도 지방의 고급와인을 만드는 데 중요한 포도품종이다. 대개 메를로 품종의 포도주와 블렌딩을 한다. 이 포도품종의 와인은 대개 육류요리와 잘 어울린다. Montes Alpha Carbenet Sauvignon은 최고의 와인으로 선정되기도 하였다.

말벡(Malbec)

말벡(Malbec) 품종은 프랑스 보르도 지역이 원산지이지만, 최근에는 아르헨티나의 대표적인 재배 품종으로 부드럽고 강한 맛이 난다. 폴리페놀 함량이 높고 카베르네 소비뇽과의 블렌딩에 적합하다. 신대륙 와인의 특징은 맛과 향 그리고 품질이 구대륙과 별 차이가 없으면서 가성비가 좋은 와인으로 인기를 얻고 있다.

- 1850년대 프랑스 등으로부터 다양한 포도품종이 건너왔지만 현재 Malbec 아르헨티나 포도품종의 대부분을 차지하고 있다. Full Body감과 함께 우아하면서 부드러운 꽃향기가 느껴지는 와인이다. 칠레, 남아프리카공화국으로 확대 재배되고 있다.
- Medium to Full Body, 자두, 블랙베리, 바이올렛, 담뱃잎 향

피노누아(Pinot Noir)

기후 영향을 많이 받아 재배가 까다로운 피노누아 품종은 프랑스 부르고뉴 지역에서 많이 생산되는 품종이다. 타닌과 산도가 낮아 숙성도가 빠른 피노누아(Pinot Noir)는 다른 품종의 포도주와 블렌딩을 하지 않는 것이 특징이다. 와인 색이 아름답고, 섬세하고 복합적인 과일향과 맛이 풍부하다. 대표적인 와인 브랜드로는 Domaine de la Romance Conti가 있다. 이 와인은 와인 애호가들이 가장 맛보고 싶어 하는 와인 중 하나다.

- 가장 비싼 부르고뉴 레드 와인품종. 샴페인 지역, 아메리카 대륙 재배
- Medium Body의 섬세하고 중후한 맛. 체리, 라즈베리, 낮은 타닌, 강한 신맛
- 최고의 레드 와인과 고급 샴페인. 로마네 콩티(Romanee-Conti)

메를로(Merlot)

메를로(Merlot) 품종은 프랑스 보르도, 부르고뉴 지역에서 많이 생산되는 품종으로 부드럽고 순한 맛이다. 타닌과 신맛이 낮아 타닌성분이 강하고 거친 맛이 나는 카베르네 소비뇽 품종의 와인과 블렌딩하면 거친 맛이 순화되어 부드러운 맛의 와인을 만든다.

- 프랑스 보르도 생테밀리옹, 이탈리아 토스카나, 아메리카 대륙
- Medium to Full Body, 부드럽고 원숙한 과일향, 블랙체리, 토마토

- 카베르네 소비뇽과 블렌딩, 서늘한 기후
- Chateau Petrus 등이 메를로 와인을 대표한다.

시라/시라즈(Syrah/Shiraz)

시라/시라즈(Syrah/Shiraz)는 같은 품종의 포도나무를 프랑스와 호주에서 다르게 부를 뿐이다. 과거 페르시아 문명에서 전해 내려오는 와인품종으로 타닌이 많아 떫은맛이 강해 카베르네 소비뇽의 사촌으로 불린다. 향이 진하고 맛이 강하다.

- 이란 시라즈 지역에서 유래. 프랑스, 신생대륙
- Deep Color, Full Body, 강렬한 남성적인 맛, 강한 타닌, 담배, 후추, 블랙베리
- 오랜 숙성기간이 요구되고 호주 와인을 대표한다.

진판델(Zinfandel)

신대륙의 와인, 특히 미국을 대표하는 포도품종으로 알려진 진판델(Zinfandel) 품종은 미국 캘리포니아에서 많이 재배되고 있다. 당도가 높고 향이 풍부하여 다양한 스타일의 와인을 만들 수 있는 품종이다. 화이트 진판델 와인은 색감과 향이 아주 풍부하다. 레드 와인은 산도와 타닌 함량이 중간 정도로 신선한 맛을 낸다. 레드 와인의 진판델은 카베르네 소비뇽, 메를로 와인보다 품질이 낮은 인식으로 고전했지만, 새로운 양조법으로 단맛이 나는 탄산음료 같은 가벼운 맛으로 텁텁한 유럽산에 익숙하지 못한 미국인들에게 큰 인기를 얻어 가성비 좋은 와인으로 인식되고 있다.

- 크로아티아 원산지. 미국, 이탈리아
- 레드, 화이트 와인, Full Body, 부드러운 타닌 함유, 다소 높은 알코올
- 잘 익은 과일향, 민트, 블랙체리
- 단위면적당 수확량이 많음

White Wine을 만드는 포도품종으로는 샤르도네(Chardonnay), 소비뇽 블랑(Sauvignon Blanc), 리슬링(Riesling)이 대표적인 품종이다. 이외에 무스카트(Muscat), 게뷔르츠트라미너(Gewurztraminer), 슈냉 블랑(Chenin Blanc), 피

노블랑(Pinot Blanc), 세미용, 뮈스카 등이 있다. 아래는 와인트 와인품종들이다.

샤르도네(Chardonnay)

소비뇽 블랑(Sauvignon Blanc)

리슬링(Riesling)

샤르도네(Chardonnay)

샤르도네(Chardonnay)는 추위에 강한 품종으로 숙성기간이 다소 길다. 프랑스 부르고뉴 샤블리 지역에서 생산되는 화이트 와인을 대표하는 품종이며, 샴페인의 주재료로 사용한다. 환경 적응이 잘되어 현재는 많은 나라에서 재배되고 있다. 단맛이 덜한 드라이한 와인으로 보다 섬세한 과일 향이 나고 부드럽고 우아한 맛이 나 와인의 여왕 칭호를 받는다. 샤블리와 몽라쉐 화이트 와인이 대표적이다. 멜론, 사과, 파인애플, 바닐라 향이 난다.

소비뇽 블랑(Sauvignon Blanc)

소비뇽 블랑(Sauvignon Blanc)은 프랑스 루아르/보르도 지역에서 생산되는 와인으로 초가을에 수확한다. 고급스럽고 드라이한 와인이지만 상쾌한 풀향기와 함께 섬세한 맛을 낸다. 특히 더운 여름철에 인기가 좋다. 다음의 사진은 소비뇽 블랑 화이트 와인품종이다. 프랑스 보르도 화이트 와인과 소테른 와인이 대표적이다. 라임, 아스파라거스, 패션프루트 향이 좋다.

리슬링(Riesling)

리슬링(Riesling)은 독일을 대표하는 화이트 와인품종이다. 추위에 강한 품종으로 수확시기가 다소 늦고, 껍질이 두꺼워 잘 썩지 않아 보관기간이 길다. 기품 있는 청포도 품종으로 산도가 강하지만 부드러운 맛을 내는 품격 있는 와인으로 인기가 많다. 향기로운 꽃 내음과 과일향이 어우러진 매혹적인 부드러움이 특징이다. 대표적인 리슬링 와인으로 모젤의 베른카스텔러 닥터, 비숍 리슬링, 요하니스베르그, 라인가우의 슬로스가 있다. 라임, 꿀, 복숭아, 레몬 향이 난다.

와인 종류에 따른 와인잔

와인 고르는 법

중요한 비즈니스 자리나 분위기 있는 자리에서 호스트가 될 경우 와인에 대한 무지로 스트레스를 받은 경험이 한두 번 있을 것이다. 테이블에서 와인을 선택하는 방법에 정해진 룰은 없지만 그렇다고 아무 와인이나 막 선택해서도 안 된다. 함께하는 사람들과 메뉴 그리고 분위기에 따라 와인을 선택할 수 있어야 글로벌 매너를 갖춘 품격 있는 문화인으로 멋있는 사람이 된다.

중요한 식사접대의 경우 서양에서는 음식가격보다 와인의 가격에 따라 결정된다. 음식가격보다 와인의 가격이 낮으면 접대받는 입장에서는 다소 불쾌하게 느끼기 때문에 음식가격보다 1.5배 정도면 무난하고, 1.9배가 넘어가면 대우받는 느낌을 준다. 일반적인 식사의 경우는 메뉴가격의 3분의 1 또는 4분의 1 정도 가격이면 무난하다.

와인 종류를 선택할 때는 음식의 종류와 조화를 잘 이루어야 한다. 절대적인 기준은 아니지만 대개 레드 와인은 육류요리와, 화이트 와인은 생선류와 잘 어울린다. 또한 와인을 고를 때 체크해야 할 사항이 있다. 첫째는 생산연도다. 보통 3년, 4년 숙성된 와인을 고르면 무난하다. 햇와인으로는 보졸레누보, 탈라카스타 정도를 알면 된다. 둘째는 포도품종이다. 보통 우리나라에서 많이 수입되는 와인 마니아들이 즐겨 찾는 레드 와인에는 카베르네 소비뇽, 말벡, 메를로, 시라/시라즈, 피노누아 등이 있고, 화이트 와인으로는 샤르도네, 소비뇽 블랑, 리슬링 등 품종에 따라 맛을 알고 있으면 테이블 분위기와 음식 메뉴에 따라 선택할 수 있다. 셋째는 와인을 생산하는 국가다. 요즘 우리나라 수입와인은 프랑스, 칠레, 스페인, 호주, 뉴질랜드 등이 대부분이다. 마지막으로, 와인 가격이다. 와인을 선택할 때는 대개 테이블에 올라오는 음식가격보다 약간 높게 선택하면 큰 문제가 없다.

와인 마시기

레드 와인은 상온 14~18도에서, 화이트 와인은 10~12도에서 보관해야 맛이 좋다. 그리고 스파클링 와인은 5~8도가 적당하다.

대개 와인을 마시기 전에 알아야 할 몇 가지가 있는데 이는 디캔팅(Wine Decanting)과 와인잔 스월링 그리고 테이스팅과 마시는 순서다.

와인 디캔팅이란 특히 장기적으로 숙성된 와인의 경우 마시기 한두 시간 전에 오픈하여 산소와 접촉시켜 오랜 숙성기간 동안 잠재워진 맛과 향을 깨워주는 효과가 있다. 또한 와인병 아래 침전물을 제거하여 고급와인의 이미지를 상실하지 않게 하는 데 목적이 있다. 와인을 디캔팅할 때 산소 접촉을 많이 할 수 있도록 그리고 병입에 와인 방울이 떨어지지 않도록 도움을 주는 도구에는 에어레이터(wine aerator)와 포러(pourer)가 있다.

와인 디캔팅

Wine Swirling은 디캔팅한 와인을 잔에서 한 번 더 향과 풍미를 깨워주는 효과를 더하기 위함이다. 와인을 잔에 받아 가볍게 잔 아래를 잡고 좌우로 2~3회 돌려주면 된다. 잔에 와인의 양, 와인잔의 크기, 와인잔을 흔드는 속도에 따라 최상의 미묘한 맛을 낼 수 있다.

와인 테이스팅은 와인을 고르기 위하여 우선 호스트 또는 호스티스가 맛과 풍미를 시험하는 과정을 말한다. 특히 와인 테이스팅에는 디캔팅 시간과 와인의 보관온도가 영향을 미친다. 대개 식사와 함께하는 레드 와인은 18도 내외, 그리고 화이트 와인의 경우는 10도 내외가 적당하다. 샴페인 등 스파클링 와인은 7도 내외가 좋다.

와인을 마시는 순서는 가벼운 맛에서 진한 맛으로, 드라이한 맛에서 부드러운 맛으로 마시는 것이 좋다.

와인 테이블 매너

와인 따르는 법, 잔을 받는 법, 와인 마시는 법, 와인을 거부하는 법

와인을 따르거나 받을 때는 대개 한 손으로 따르고, 받는 경우가 일반적이다. 우리나라 술문화의 경우 두 손으로 따르고, 받는 경우가 일반적이기 때문에 다소 혼란스러울 때가 있지만 크게 개의치 않아도 된다. 특히 술잔을 들어서 받는 습관으로 인하여 와인잔을 들어서 받으면 다소 와인문화를 잘 모르는 사람으로 인식될 수 있다. 와인을 받을 때는 잔은 그대로 테이블 위에 두고 손가락 인지와 중지로 와인 잔받침 베이스에 손을 살짝 올리거나 Stem을 잡고 가볍게 감사의 말이나 목례 정도를 하면 된다.

와인 따르는 법은 받는 사람의 앞이나 오른쪽에서 상대방이 와인 라벨을 볼 수 있도록 하고, 와인이 흐르지 않도록 병을 살짝 비틀어주어야 한다. 특히 소믈리에가 와인을 따를 때는 와인에 대한 질문을 하거나 대화를 하면 초대된 분들의 분위기를 해칠 염려가 있으므로 와인잔에 손만 대고 있는 편이 좋고, 눈인사 정도로 예의를 갖추면 된다. 와인은 잔의 삼분의 일이나, 오분의 이 정도 채우는 것이 일반적이다. 술잔 채우듯 가득 채워서는 안 된다. 정찬 테이블에서 와인을 더 이상 마시고 싶지 않을 때는 와인을 다 마시고 잔을 비우면 그만 마시겠다는 의미이다. 더 이상 권하지 않는 것이 예의이다. 경우에 따라 비운 와인잔에 상대방이 따르려고 하는 경우는 와인잔 Lip에 두 손가락을 살짝 올려 거부 의사를 표한다. 또한 식사가 끝날 때는 와인잔에 와인을 남겨두지 않고 비우는 것이 상례이다.

와인을 따르고 받는 모습

와인을 따르는 법은 한 손 또는 두 손 어떤 방법도 괜찮다. 와인잔은 레드 와인, 화이트 와인 그리고 샴페인에 따라 잔이 다르다.

Red Wine잔		레드 와인잔은 대개 Lip부분이 Bowl부분보다 많이 좁다. 와인의 향이 빨리 사라지지 않게 하기 위해서다.
White Wine잔		화이트 와인잔은 볼부분이 Lip부분보다 약간만 넓은 편이다. Lip부분으로 상큼한 산도를 혀의 앞부분에서 잘 느낄 수 있도록 만들어졌다.
Champagne잔		샴페인 잔은 길쭉한 튤립 모양으로 와인의 기포가 오래 머물 수 있도록 설계되었다.

Wine Glass

Lip은 입술이 닿는 부분으로 와인의 향을 느끼고 가두기 위하여 와인 종류에 따라 넓고 좁게 만들어진다.	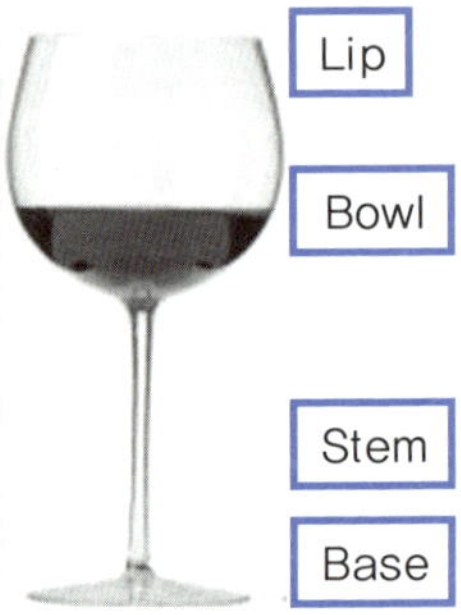
Bowl부분은 와인이 담기는 부분으로 보통 몸통의 1/3만 채운다. 나머지 공간은 와인향이 가득 채워진다.	
Stem부분은 잔을 잡는 부분이다.	
Base부분은 테이블에 닿는 부분으로 Stem부분과 함께 잡고 Swirling을 한다.	

와인을 마실 때는 눈으로 와인의 다양한 색을 감상하고, 코는 와인품종에 따른 다양한 향을, 혀로는 맛의 종류를 느낄 줄 알아야 한다. 특히 와인을 테이스팅해야 하는 경우 잔을 들어 시각적으로 색을 감상하고, 코로 향과 풍미를 즐긴 후 한 모금 머금어 혀로 맛의 오감을 느낄 수 있어야 한다.

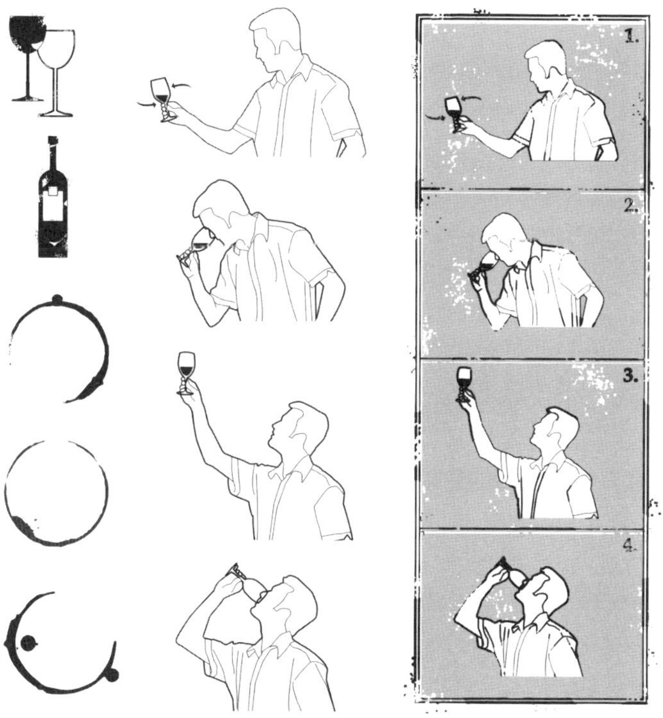

와인 마시는 절차

와인의 맛은 타닌이 풍부해 텁텁하면서 묵직한 무게감을 주는 드라이한 맛과 단맛과 텁텁한 맛이 잘 조화를 느낄 때는 미디엄한 맛으로 그리고 단맛이 강할 때는 스위트한 맛으로 구분짓는다. 대개 오랜 숙성기간을 거친 카베르네 소비뇽 품종의 레드 와인은 묵직한 맛이 나는 풀바디로, 산미가 풍부하면서 가볍고 상쾌한 맛이 나는 라이트 바디로 표현된다.

와인을 마시는 법은 한 모금 마셔서 10초 정도 입안에서 굴린 후 목 넘김을 해야 와인의 향과 다양한 맛을 음미할 수 있다. 특히 와인은 원샷으로 마시지 않아야 하고, 잔에 조금 남겨두어야 계속 와인을 따라 달라는 의미이다. 하지만 정찬이 끝날 때는 잔을 완전하게 비우는 것이 예의이다. 와인잔의 건배는 와인잔의 볼을 서로 가볍게 부딪혀 잔에서 흘러나오는 아름다운 선율을 느끼고, 상대방의 눈높이에 와인잔을 두고, 눈을 마주치면서 가볍게 미소를 지으면서 마시는 게 좋다.

정찬 사각 테이블 배치

정찬 테이블 좌석배치는 테이블 매너에서 가장 중요하다. 우선 문이 바라다보이거나 외부의 경치가 바라다보이는 자리가 상석이거나 호스트의 자리이다. 호스트가 없는 경우는 웨이터가 먼저 권하는 자리가 상석이다. 호스트 또는 상석 주변으로 주빈 또는 여성이나 연장자 순으로 자리를 배정해야 한다. 호스티스가 있는 경우는 호스트 맞은편에 자리를 배치하여 호스트가 챙기기에 먼 자리에 앉은 손님들을 배려할 수 있도록 한다. 대개 호스티스 주변에는 남자 손님을 배치한다.

호스트 오른쪽은 정찬에 초대받은 주빈을 위한 자리고 왼쪽은 그 다음 자리다. 호스트의 자리와 가까울수록 주빈에 가깝다. 여성의 경우는 호스트

옆에 자리를 배치하는 것이 상례이다. 일단 자리에 착석한 후에는 의자 왼쪽으로 나가거나 앉아야 한다. 와인은 호스트 그리고 여성 순으로 따른다.

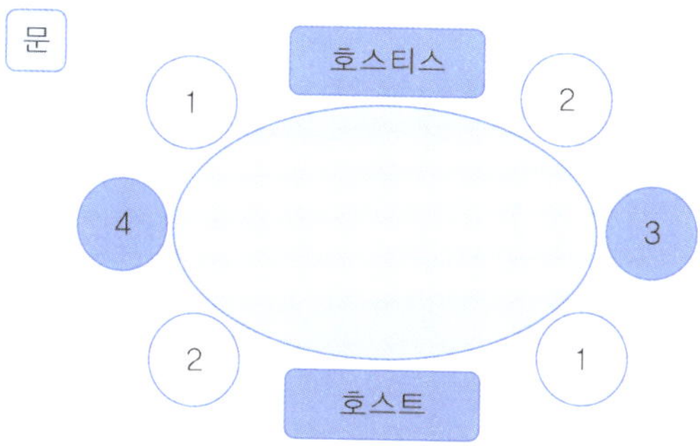

정찬 원탁 테이블 배치

정찬을 할 때 와인은 항상 남자가 오픈하고 호스트가 테이스팅을 한다. 테이블에서 와인을 따르는 순서는 호스트 오른쪽 자리 주빈부터 따른 후 여성이 자리한 경우 여성부터 그리고 왼쪽 손님에게 순서대로 따른다.

참고문헌

- 손안의 슬로시티, 한국슬로시티 시장, 군수협의회 · 한국슬로시티본부
- 슬로푸드, 나무심는사람, 카를로 페트리니/ 김종덕 · 이경남 역
- 슬로푸드를 찾아 떠난 유럽 미식기행, 리스컴/ 노민영 지음
- 식사에 대한 생각, 어크로스출판그룹㈜, 비 윌슨/ 김하현 역
- 악마의 정원에서, ㈜생각과나무, 스튜어트 리 앨런/ 정미나 역
- 외식마케팅관리, 백산출판사, 김성일 · 박영일 지음
- 음식의 언어, 도서출판 어크로스, 댄 주래프스키/ 김병화 역
- 음식의 역사, 우물이 있는 집 편, 레이 태너힐 지음/ 손경희 역
- 한국농수산식품유통공사(aT)
- 헝그리 플래닛, 윌북, 피터 멘젤 · 페이스 달뤼시오/ 김승진 · 홍은택 역
- http://ikinaristeak.com/home/
- http://www.usmef.co.kr/
- http://www.visit-yakutia.com/
- https://peterluger.com/
- https://www.hooters.com/
- https://www.in-n-out.com/history.aspx
- https://www.shakeshack.com.
- https://www.tripadvisor.ru/Restaurant_Review-
- www.gyu-kaku.com
- www.moku-moku.com

저자와의
합의하에
인지첩부
생략

세계외식기행

2020년 10월 25일 초판 1쇄 인쇄
2020년 10월 30일 초판 1쇄 발행

지은이 박영일
펴낸이 진욱상
펴낸곳 백산출판사
교　정 성인숙
본문디자인 이문희
표지디자인 오정은

등　록 1974년 1월 9일 제406-1974-000001호
주　소 경기도 파주시 회동길 370(백산빌딩 3층)
전　화 02-914-1621(代)
팩　스 031-955-9911
이메일 edit@ibaeksan.kr
홈페이지 www.ibaeksan.kr

ISBN 979-11-5763-918-2　03800
값 16,500원